JN233815

はじめに

できるよう配慮している。これは，現代の青少年にまつわる問題をできる限り多くの人々と共有し共に考えていきたいという，本書のねらいに基づくものである。

本書は，このようなシリーズの第1弾に相当するもので，青少年の「キレ」に焦点を当てている（続く第2弾，第3弾では，それぞれ「ひきこもり」，「いじめ」を扱う予定である）。本書は，3章からなる。第1章では，今日みられる青少年のさまざまな「キレ」を，器物損壊，青少年どうしの暴力，対教師暴力，家庭内暴力，病理的な「キレ」の5つに大別し，その実態や具体的なありようについて記述している。これによって，「キレ」の多様な状態像を理解できるのではないかと思う。第2章では，「キレ」の形成メカニズムとその意味について記述している。現代の多くの人は，「キレ」という行動の異様さに目を奪われて，その形成のプロセスや意味まで理解するには至っていないように感じられる。その意外な側面も含めて，さらに理解を進めていただければと思う。第3章では，主として，青少年の「キレ」に対する具体的な対応の仕方について記述している。現実の対応には，難しい点も多いが，その一端を理解していただければと思う。なお，本書は，比較的分量の少ない本ではあるが，コラムを多数設けて，青少年にとどまらないさまざまな「キレ」について解説するとともに，付章において，読みやすい著書や論文を多数紹介するなど，読者の立場に立った構成になるよう工夫をしたつもりである。本書を熟読いただき，青少年の「キレ」の問題について，多くの方々の理解と関心が少しでも進むことを切に願う次第である。

20世紀が科学技術の発達の世紀であるとすれば，21世紀にはそれらの進歩の上に立ってさらなる技術の進歩を刻むとともに，そのさまざまな弊害を克服し，今一度人間性の回復を図るということが大きな課題となるであろう。現代の青少年のこのような心の荒れを真摯に見つめつつ，これに大人が真剣に向き合う努力を続けていくことができるとすれば，21世紀はきっと希望に満ちた世紀となるに違いない。

最後に，本書の企画から編集に至るまで，暖かくかつ辛抱強くご援助くださった北大路書房編集部の薄木敏之氏，広田由貴子氏に心から感謝を申し上げたいと思う。また，本企画の立案を勧めてくださり，かつその推進を積極的に応援してくださった元北大路書房編集部の石黒憲一氏にも，心から謝意を表する次第である。

2002年7月

編者　宮下一博　大野　久

はじめに

　今日，青少年の心の荒れを象徴する事件が続発している。最近の青少年にまつわるいくつかの事件を列挙するだけでも，23歳青年の通り魔殺人事件（東京・池袋），21歳青年の小学生殺人事件（てるくはのる，京都），中学生の5500万円恐喝事件（名古屋），高校生の主婦殺人事件（殺人経験をしたかった，愛知・豊川），高校生のバスジャック事件（佐賀）等々，枚挙にいとまがない。また，学校における青少年のいじめや不登校の問題も，解決どころかますます深刻の度合いを深めている。
　現代，わが国は世界有数の豊かな国家に成長した。しかし，物質的な豊かさとは裏腹に，人の心の成長は停滞してしまっているように見える。自己中心主義や無責任がはびこり，人間らしさの象徴である「思いやり」の欠如も際立ってきた。大人社会のこのような現象は，直接的・間接的に青少年にも影響を及ぼし，人格や社会性の発達に問題を抱える青少年が急増している。上述のさまざまな青少年にまつわる事件の発生も，このような現代のわが国のありようと無関係とはいえないであろう。
　こうした問題意識を背景に，われわれは，現在危機に瀕している青少年の心に焦点を当てて，心理学，特に発達臨床心理学の立場からその現状や具体的な対処の仕方等について，記述していこうと考えた。「発達臨床心理学」という用語は，ここでは，現代の青少年にみられる心の荒れを発達的なつまずきとして捉え，その予防や対応等について考察していこうとする立場，という意味で使用している。最近はその境界が曖昧になりつつあるが，従来，発達心理学と臨床心理学は，一方が健常な人の発達，もう一方が問題をもつ人の治療という面に主に焦点を当てて，研究が蓄積されてきたという歴史がある。（また，これまでの臨床心理学では，それぞれの学派が「治療」のための独自の理論モデルを構築し，それぞれの理論に基づいて事象を理解しようとする傾向が強く，現実の生活・社会状況に基づいて援助・介入しようとする視点や方法が必ずしも十分でないという問題がある。）「発達臨床心理学」という概念は，簡単にいえばこれらを統合したものであるが，単にこの両者の加算ではなく，この両者を有機的に結びつけ，人の心の発達とつまずきをひとつの連続で捉えようとする立場といってよいであろう。
　本書は，現代の青少年の問題を，発達臨床心理学の立場から専門的に吟味しようとするものであるが，その際，心理学の知識をもたない人たちにも，容易に理解が

シリーズ◆荒れる青少年の心

キレる青少年の心

発達臨床心理学的考察

宮下一博・大野 久 編著

北大路書房

目次

はじめに

第1章 キレる青少年の実態とその内容　1

第1節──「キレ」の定義　2
第2節──「キレ」の諸相　4
1　器物損壊　4
2　青少年どうしの暴力　10
3　対教師暴力　16
4　家庭内暴力　22
5　病理的なキレ　30

第2章 「キレ」のメカニズムと発達臨床心理学的な意味　41

第1節──「キレ」のメカニズム　42
1　「キレる子現象」　42
2　キレる心のメカニズム　44
3　キレる子どもを理解するために　57

第2節──「キレる」ことの意味　63
1　「問題行動」を理解する姿勢　63
2　1980年代以前からみられる「キレる」行動の意味　64
3　最近の「キレる」青少年の背景にある問題　65

第3章 キレる青少年への対応　75

第1節──「キレ」に対応する際の原則　76
1　「キレ」に対する対応を考えるうえで役立つ臨床心理学の理論　76
2　「キレ」にいかに対応するか？　79
3　専門家の「キレ」への対応　80
4　「キレ」への対応に原則はあるか？　81

第2節──さまざまな「キレ」への対応　84

Contents

  1　器物損壊への対応　84
  2　青少年どうしの暴力への対応　89
  3　対教師暴力への対応　94
  4　家庭内暴力への対応　101
  5　病理的な「キレ」への対応　106

付章　キレる青少年を理解するための 文献・資料集　117

引用文献　121
人名索引　127
事項索引　129

コラム

①名古屋の中学生5000万円恐喝事件　15
②栃木・黒磯の中学1年生による教師刺殺事件　21
③親のキレ（乳幼児虐待）　28
④乳幼児のキレ　29
⑤アメリカの青少年のキレ　36
⑥動物はキレるか？　37
⑦人間の自己破壊行動　38
⑧自己愛とキレ　39
⑨食事とキレ　59
⑩キレと脳　60
⑪暴力映像とキレ　61
⑫ストレスとキレ　62
⑬ADHDとキレ　71
⑭タイプAとキレ，そして，敵意をめぐって　72
⑮キレと規範意識　73
⑯キレと言語化　82
⑰キレの予防策としてのリラクセーション　83
⑱神戸の中学3年生による連続児童殺傷事件　113
⑲愛知・豊川の高校生による64歳主婦殺害　114
⑳池袋の23歳通り魔殺人　115
㉑京都の小学2年生殺害事件—自殺した"てるくはのる"—　116

第1章
キレる青少年の実態と
その内容

第1節 「キレ」の定義

　「キレ」ないし「キレる」という表現は，いつごろ登場したのであろうか。大石（1998）は，「20年前の中学生は，内面に生じた怒りの感情を"頭にきた"と表現していた。それ以前には，"腹が立つ"と言っていた。それが"ムカつく"に変わり，さらに"キレる"に変わってきた。おそらく80年代末から90年代にかけて登場したキレるという言い回しは，表現が体温の温もりが感じられる有機体的な言い回しから，不満や怒りを内側に溜めない無機的な言い回しへと変化し，情動負荷が加わる場所が頭部から胃の入り口そして神経へと移動し焦点化されてきたことを意味するように思われる」と述べ，この表現が，1980年代末～90年代にかけて登場したことを指摘している。つまり，この表現が生まれて，まだ10数年しか経過していないことになる。
　今日，この「キレ」ないし「キレる」という表現は，日常用語として頻繁に使用されているが，一方で，その使用の仕方や意味する内容については，必ずしも一致した理解がなされていないように思われる。
　これに関連して，小浜（1999）は，「『キレる』とは，たぶん感覚的なあいまいな言葉で，どの程度のどんな状態を指しているのかがはっきりしない。大人や周りの仲間に向かって，ちょっとしたことですぐ刃物などを持ち出して暴力行為に及ぶという意味なのか，教師が注意するとすぐ口答えするという意味なのか，大人の呼び掛けに対して知らん振りを決め込むという意味なのか，友人関係を長く持続できないという意味なのか，不登校に陥りやすいという意味なのか，宿題をすぐ投げ出してしまうという意味なのか，その他いろいろな

『キレる』があるはずだ。だが最近の子どもはキレやすいというとき，これらを何となく全部ひとまとめにしてしまって，漠然と『今の子どもたちが与える印象』として語られている」と指摘している。また，大石（1998）は，次のように述べている。「集団よりも個人としての生き方に価値を置くようになったにもかかわらず，依然として他者との違いをはっきりと示しつつ共存することの難しい状況の中で育ってきた子どもたちは，周囲への配慮という『我慢』の限界が越える瞬間を，"キレる"と表現するのではないだろうか」。

このように「キレ」ないし「キレる」という言葉は，あいまいなかたちで使用されることが多いが，これまでの研究では，どのような定義がなされているのであろうか。

まず，宗内（1998）は，「キレ」という現象を，「鬱積したコンプレックスが外的な刺激によって突発的に爆発的な攻撃的行動を生む過程及び結果」と，また，東京都の報告（1999）では，「何かのきっかけで，頭の中が真っ白になり，前後の出来事を覚えていないまたは通常ではありえない行動に移ってしまう状態」と定義している。さらに，下坂ら（2000）は，「あることを契機に自己の衝動性を統制できなくなって起こす行動」と定義し，因子分析により，次の4つの下位尺度からなる「キレ行動尺度」を作成した。

①間接的攻撃（相手をにらみつけた，物にやつあたりした，口をきかなくなった，暴言をはいた，大きな声でどなった，など）
②直接的攻撃（相手をけった，人をなぐった，相手の胸ぐらをつかんだ，相手を物でなぐろうとした，相手に物をなげつけた，など）
③パニック状態（パニック状態になった，泣きわめいた，頭が真っ白になった）
④反社会的行動（持っていたナイフを取り出そうとした，相手をおどしてお金や物をとった，家出をした，万引きをした）

これらの定義を総合すると，「キレ」ないし「キレる」という現象に共通するのは，爆発的な攻撃的行動，通常ではありえない行動，衝動性を統制できなくなって起こす行動，などにみられる「（何らかのきっかけによって生じる）衝動的な攻撃行動」ということになろう。これらを参考にして本書では，「キレ」という現象を「心理的・器質的要因等に基づいて生じる，比較的強い否定的な感情の喚起・表出を伴う攻撃行動」と定義しておきたいと思う。

第2節

「キレ」の諸相

1　器物損壊

1──はじめに

　文部科学省が発表した「生徒指導上の諸問題の現状についての調査」（2001年8月）によると，公立の小中高等学校の児童・生徒が平成12年度に起こした「暴力行為」は前年度を11.4ポイント上回り，過去最高を更新したことが明らかになった。

　同省では，これらの暴力行為の増加の理由として「思いを言葉にできず暴力に訴えたり，問題行動の見えにくかった子どもが突発的に起こしたりする事案が増えた」と分析する一方，「軽微な問題行動も把握するということが現場に定着してきた表れ」（朝日新聞，2001.8.25）と述べている。

　ところで児童・生徒の「暴力行為」とは，「対教師暴力」「生徒間暴力」「対人暴力」「器物損壊」の4つに分類されている（同省）。

　このうち，2000（平成12）年度に公立の小中高等学校で生じた「器物損壊」は，表1-1に示すように，11,853件と前年比の10.5ポイントの増加となっており，全国的に校内の荒れを感じさせる状況を呈している。また，器物損壊の発生件数を校種別に表してみると，前年度比小学校26.7ポイント減，中学校12.2ポイント増，高校17.4ポイント増となっている。

　本節では「器物損壊」に的を絞り，学校現場における具体的事例と生徒の聞き取り調査をもとにその諸相を明らかにしたい。

第2節 「キレ」の諸相

表1-1 暴力行為の発生件数の比較（公立）（文部科学省，2001）　　単位：件，%

形態	小学校			中学校			高校			合計		
	学校内	学校外	計	学校内	学校外	計	学校内	学校外	計	学校内	学校外	計
対教師暴力	204 (15.3)	1 (0.7)	205 (13.8)	4,678 (17.1)	66 (1.7)	4,744 (15.2)	814 (13.6)	15 (0.9)	829 (10.9)	5,696 (16.5)	82 (1.4)	5,778 (14.3)
生徒間暴力	668 (50.2)	112 (73.7)	780 (52.6)	12,519 (45.9)	2,738 (68.6)	15,257 (48.8)	3,638 (60.9)	1,076 (65.8)	4,714 (62.0)	16,825 (48.6)	3,926 (67.9)	20,751 (51.4)
対人暴力	6 (0.5)	39 (25.7)	45 (3.0)	154 (0.6)	1,188 (29.8)	1,342 (4.3)	61 (1.0)	544 (33.3)	605 (8.0)	221 (0.6)	1,771 (30.6)	1,992 (4.9)
器物損壊	453 (34.0)	―	453 (30.5)	9,942 (36.4)	―	9,942 (31.8)	1,458 (24.4)	―	1,458 (19.2)	11,853 (34.3)	―	11,853 (29.4)
合計	1,331 (100.0)	152 (100.0)	1,483 (100.0)	27,293 (100.0)	3,992 (100.0)	31,285 (100.0)	5,971 (100.0)	1,635 (100.0)	7,606 (100.0)	34,595 (100.0)	5,779 (100.0)	40,374 (100.0)

注：小数点第2位以下は四捨五入。

2 ── 「器物損壊」とは

　学校現場における具体的事例を述べる前に，どのようなものが「器物損壊」にあたるかをここで整理したい。

　文部科学省の調査では，「器物損壊」の具体例として「補修を要する落書きをした」等をあげ，「内容，程度がそれを上回るようなもの」を集計対象にしている。報告された事例では，傘立ての破損，トイレの破壊，ドア・壁の蹴破り等々，学校備品を対象とした損壊や廊下の生徒作品の破損などが数多くあげられている。さらに対象がモノではない，学校飼養動物の虐待・虐殺も含まれる。たとえば表1-2に示すように飼育中のウサギやニワトリが標的となっている。また，学校園の破壊も全国各地でみられる。このような事件も「器物損壊」として扱われる。

　これら器物損壊のうち，最も多くみられるものは「校舎のガラス破損」である。

表1-2 最近の新聞等で報道された動物虐殺事件

埼玉県：	飼育小屋のウサギ11羽，ニワトリ10羽殺される
岐阜県：	子ども動物園のウコッケイ6羽全部殺される
兵庫県：	ウサギ7羽が全部目を刺され，首の骨を折られて殺される
愛知県：	ウサギがプールに浮いていた
奈良県：	ウサギ12羽，ニワトリ7羽，アヒル1羽殺害，脅迫電話もあった

③──校舎のガラス破損
（a）尾崎豊「卒業」にみるガラス割り

　大阪府寝屋川市内で「中3少年らが尾崎豊の歌詞をまね校舎のガラス割る」という事件が起こった。事件の概要は次の通りである。「逮捕された7人は深夜自分たちの中学校に侵入し，金属バットで窓ガラス計153枚を割った疑い。少年らは深夜の公園に集まり，『校舎の窓ガラスを壊す』という内容の尾崎豊さんの『卒業』を歌って気勢を上げ，学校へガラスを割りに行っていたという」（読売新聞，2001.8.24）。

>　行儀よくまじめなんて出来やしなかった
>　夜の校舎　窓ガラス　壊してまわった
>　逆らい続け　あがき続けた　早く自由に
>　なりたかった
>　信じられぬ大人との争いの中で許し合い
>　いったい何　解りあえただろう

尾崎豊「卒業」の歌詞の一部

　「尾崎豊」とは十代の不安定な胸の内を歌に託し，今でも若者に語り継がれている伝説のロックシンガーである。彼が活躍した1980年代には校内暴力が吹き荒れ，家庭環境の問題からくる暴力や大人との対立という時代背景があった。80年代における校内暴力は，青少年の苛立ちや焦燥感の爆発が根底にある。しかし，様相が異なる現代，依然として「尾崎豊」を語ったガラス割りは80年代と同様に考えていいものだろうか。尾崎の"その歌詞"のみを流用しているだけに過ぎないのではないだろうか。

（b）ガラス破損要因の変化

　80年代の校内暴力の要因が社会への反発，大人への嫌悪だとしたら，現代のそれは多様化している。しかもその要因として著しく短絡的で突発的な動機がめだつようになった。

　千葉県のA中学校で起きたガラス破損事件は次のようだった。
　A中学校は全校生徒約800人の大規模校に属する中学校である。事件は2学

期始業式の未明，すなわち，9月1日に起こった。

　午前3時頃，近所の住民がガラスの割れる音を聞き110番通報。連絡を受け緊急招集された職員が見たものは，1階校舎の窓ガラス130枚が粉々に割られ，廊下にその破片が散乱している光景だった。職員のすばやい作業のかいあって，即座に瓦礫(がれき)を除去し，新しいガラスを入れて，無事始業式を迎えた。

　その後の警察の調べによると同校の生徒および同校の卒業生計7人の犯行と判明した。その後，事件にかかわった少年たちは総額300万円の弁償金を支払い事件は解決した。動機は「土足を注意されて腹が立った」，「夏休み最後のイベントだった」と新聞紙上に掲載された。しかし少年らは教師や親に「まさか本気でやろうと思っていなかった。でも，誰かが1枚割ったら，続かなきゃいけないと思った。やり始めたらもう止まらない。やってる時は夢中で，気持ちよかった」と述べている。

　同校生徒指導主任は，少年らの聞き取り調査から深層心理を次のように分析している。

　「内面で悩み，不満が募って爆発したのではない。社会の矛盾や苦しみへの反発でもない。あまりにも単純でたわいもない発想である」とし，「起こした行動に，どのような結末が待っているのか，まったく考えない大変軽率な行動である」と述べている。しかしながら普段授業をサボりがちなこれらの生徒でも，学校が始まるその日にコトを起こしたのは，学校が始まることへの不安心理があると分析している。一見，好き勝手に行動し，欠席も多い彼らからしてみれば矛盾しているようにみえるが，じつは夏休みが精神的に最も安定しており，学校が始まることによって，また，取り残される不安，落ちこぼれていく焦燥感にあふれ，精神が不安定になるという。したがって単純に学校の混乱を彼らは望んでいるのである。

　こうした事件の背景に規範意識（モラル）の低下，衝動的ストレスの発散といった要因が指摘される。80年代のツッパリ型や，大人に対する反抗といった意味合いとは異なり，たいした理由もなく，ちょっとしたことから短絡的に暴走するケースが年々増えている。

4──器物損壊の教師に与える心理的影響

　短絡的な暴走行為とは裏腹に，敵対する教師への嫌がらせを目的とする器物損壊もみられる。以下，千葉県で起こった3事例をあげる。

　まず，B中学校では，3人の生徒が廊下に設置してあった消火器を噴出させ，校舎内を消火剤の煙で混乱させる事件が起こった。折しも給食準備中の時間帯であったため，約100人近い生徒の給食が食べられなくなった。たまたま居合わせた教師の指導に食ってかかり，「証拠は？」のセリフを繰り返し，事件に関係がないとシラを切ったが，問いただすうちにやがて自分たちの仕業と自供した。

　また，C小学校では1階の手洗い場の蛇口を全開にし，排水口に雑巾を突っ込んでパッキング状態にして水を床にあふれさせる事件が起こった。気づいた教師が急いで水を止め，床にこぼれた水を拭き取っていた矢先，2階の流し台が同様の状態になっていた。その後，不定期的に手洗い場のイタズラが起こり，イタチゴッコの様相となった。

　さらに，D中学校では落書きが絶えなかった。ある業間休みに生徒が落書きを発見し，職員室に報告に来た。教師が出向いたところ，落書きは正門から壁へ約20メートルほど書かれており，犯人と思われる者たちのグループ名が赤のスプレーで書きなぐられていた。犯人と思われる生徒に問いただしても同様に「証拠は？」と開き直る。2か月間，犯人が現場でとり押さえられるまで，書いては消し，消しては書かれるというイタチゴッコが続いた。

　この3事件の共通点は，イヤガラセの矛先が学校あるいは教師に向けられていることである。すなわち，教師に自分たちがやったことをわざとわからせるようなやり方を選んでいる。犯人の予想がつき，問いただしても「やった証拠は？」と開き直る。教師は現場を押さえない限り指導できないことを見抜いて挑発する。まさに「ドロ試合」であり，教師をできるだけ悔しがらせたいという欲望が根底にある。こうなると教師も生徒も互いに傷つけ合い，感情のぶつかり合いだけが行われることとなる。「荒れる学校」の典型である。

　ある中学校の生徒指導主任は，「おまえら先公がムシするからぶちキレるんだ」と慟哭し，くってかかってきた生徒がいたと述べている。それは「もっとかまってくれ，もっとこっちを向いてくれ」というメッセージの裏返しでもあ

る。

5 ── 器物損壊の要因

　器物損壊等の暴力行為の要因にはさまざまな背景が複雑に絡み合っており，それを1つに特定することは困難である。しかし，突き詰めれば次のようなある程度の共通性がみられる。

　1つ目は，子どもたちの生活経験が極端に不足し，人間関係の希薄化が進んでいること。

　2つ目は，子どもたちに規範意識や自己抑制力が十分育っていないこと。

　3つ目は，子どもたちが家庭生活や学校生活において過度のストレスを受けていること。

　このような要因が相手の心の痛みを感じない鈍感さを助長し，短絡的な行動へと走らせるのではなかろうか。そして事例でも紹介したように，ささいなことをきっかけに突発的にモノを壊すケース，教師の指導にいきなり腹を立ててモノにやつあたりするケース，自己中心的な考えによって衝動的にモノを壊すケース，愉快犯のように器物を損壊して喜ぶケースなど，多様な行動へとつながっていくのであろう。

6 ── おわりに

　器物損壊を独立した一事象として分類するのは，便宜的なものであって，本来は対人暴力・対教師暴力・非行・不登校というようなさまざまな学校病理現象と密接に関連して生じるものである。したがって，器物損壊を独立した一現象として考え，その対応策を巡らすことは現実的ではない。

　また，本節の冒頭でも述べたように「生徒指導上の諸問題の現状についての調査」の数値に関しては，数値と現場の「ズレ」を見落としてはならない。器物損壊は本当に中学校で6校に1校，高校では8校に1校の割合でしか発生していないのだろうか。学校現場の実態とこのような調査の数値には「ズレ」が生じているように思える。すなわち，実態を隠す体質が学校の中に依然として根強く残っているという現実も見逃してはならないであろう。

2　青少年どうしの暴力

　青少年は家庭，学校，または職場の内外でさまざまな人とかかわり合って成長していくなかで，よい影響を受けるにせよ悪い影響を受けるにせよ，同年代の者とのかかわり合いが特に重要になる。そのかかわり合いは不安定になりやすく，親しい関係にあると双方が思い込んでいてもささいなことで破綻(はたん)をきたしたり，一時の感情などに左右されて粗暴な対応になったりすることもある。青少年どうしの暴力としてのキレはそれらの過激な現れである。

　以下にあげる事例は，キレの問題を端的に示すために，キレて凶悪な行為に及んだ事例を主とした。その際，①キレたときの状況，②キレたとき暴力を向けた相手，③キレの動機，④キレるに至った原因のうち主な原因と考えられるもの，⑤キレから暴力の発生までの時間的経過と暴力の形態，を示す。なお，以下のどの事例も知的能力は中の下以上で，精神障害は認められない。

　【事例1】傷害。A男，19歳，工員。中学校時代の仲間7人と酒を飲んだ後，車2台に分乗してドライブ中，被害者の車に追い越されて立腹し，その車を停車させたうえ言いがかりをつけ，仲間と共に被害者2名に対して暴行を加えた。
　中学校を卒業するまで問題行動は特になかった。高校1年時から不良仲間と遊び始めて学業を怠け，2年で中退した。一時期，シンナーの吸引をやめて就労していたが，不良仲間との遊びは続けた。本件よりも前に，仲間と飲酒後，他の客に言いがかりをつけて暴行したり，シンナーの吸引後，恐喝したうえ傷害を負わせたりしたことがある。
　①状況＝酒気帯び状態で，仲間を同乗させて自動車を運転中，②相手＝他人である運転手，③動機＝追い越されて立腹，④キレるに至った主な原因＝気弱で前向きな意欲が乏しいなど自身の性格に劣等感が強く，不良仲間と共に粗暴にふるまうことによってその劣等感を補償しようとする心理機制が定着していること，⑤暴力の形態＝キレて即座に，仲間と共に殴打と足蹴。

　【事例2】傷害。B男，18歳，土木作業員。同じ暴走族構成員2名と共に酒を飲んで帰宅する途中，被害者が自分らを見ながら通り過ぎたことに腹を立ててその背中を足蹴し，続いて共犯者と共にその顔面などを殴打し，止めに入った他の被害者2人に対してもその顔面などを殴打して傷害を負わせた。
　両親の指導は概して甘い。中学校1年時に万引きをした。卒業前に店舗荒らしをして，家庭裁判所で不処分決定を受けた。卒業後に就労してまもなく暴走族に加入して，単車の無免許運転を繰り返した。17歳時に傷害事件を起こし，保護観察処分を受けた。本件直前，店で酒を飲んでいる間，いやな年上仲間の相手になる羽目になって不快で，イ

ライラしていた。

　①状況＝酔った状態で，仲間と共に道路を通行中，②相手＝通行中の他人，③動機＝見られて立腹，④キレるに至った主な原因＝仲間と共にいると調子に乗りやすく，格好をつけたがる性格。さらに重要なのは，見つめられるのは自分が侮られたからだと思い込んでカッとなる反応様式を身につけていること，⑤暴力の形態＝キレて即座に，足蹴し，仲間と共に殴打。

　【事例３】殺人。Ｃ男，15歳，高校１年生。上級生である被害者ら数十人によって２年生の教室に呼び出され，正座させられて，これまで上級生との間にもめごとがあったこと，前月，駅構内において被害者に殴打された際に殴り返したことなどに因縁をつけられ，足蹴するなど暴行された直後に憤激し，携帯する登山ナイフで被害者を１回突き刺して死亡させた。

　中学校を卒業するまでは他の生徒とのケンカなどの問題行動は特になかった。高校の生徒の大半はつっぱり生徒からなり，上級生による生活指導と称される暴力が校風としてあって，Ｃ男は違和感を感じていた。本件の数日前，通学中の列車内で，他校の高校生の迷惑行為を注意したところ口論になり，殴り合った。２日後の登校の際に，級友とキャンプに行く予定で買った登山ナイフを携帯した。同日の下校中，上記の他校生がＣ男と同じ高校の上級生である被害者を連れてＣ男に暴行し，Ｃ男は被害者を殴り返した。本件時，従来たかだか数人を相手にしていたのと異なる状況において，多数による圧力と暴行される恐怖を極度に感じていた。

　①状況＝教室において多数の上級生によって包囲されて孤立無援状態，②相手＝他人または知人であり，日ごろから不仲または敵対している上級生，③動機＝極度の恐怖および暴行されて憤激，④キレるに至った主な原因＝先輩－後輩関係を背景とする上級生による生活指導という名の暴力に反発して，やられたらやり返す考え方と行為を身につけていったこと，⑤暴力の形態＝キレて即座にナイフを使って反撃し，一突きで刺殺。

　【事例４】殺人未遂。Ｄ男，18歳，高校３年生。学校行事としての映画鑑賞中，以前から繰り返しいじめてくる被害者によってＤ男の座る椅子が後ろに倒されたとき，これ以上何をされるかわからないとの不安を感じた。勇気を出して被害者に反発すると，嘲笑されたうえに自殺するなよと言われて，自殺するくらいなら被害者を殺そうと決意し，翌朝ナイフで被害者を背中から刺した。

　中学校卒業まで積極的に同級生とつきあい，問題行動は特になかった。高校において同級生になじめず，学校生活への不適応感を抱いていた。孤立状態や学業成績の悪さを気に病んで，左腕をナイフで傷つけたことがある。３年になって同級の被害者によって足を踏まれるなどしていじめられるようになり，反発しても無視される，理由なく自分ばかりいじめられるなどと思い込んで，怒りを募らせていた。孤立していじめを集中的に受けている状態において，同級生らの前で笑い者にされたことがきっかけになって，今後ありそうないじめへの不安やいじめられることに起因する被害感や反発が急激に強まった。

①状況＝他の同級生がいる教室内，②相手＝本人を侮り，いじめる同級生，③動機＝さらにひどくいじめられる不安および侮辱に対する怒り，④キレるに至った主な原因＝学校生活への不適応と，被害者からの執拗かつ嘲笑的ないやがらせ，⑤暴力の形態＝キレた翌日，ナイフを使って刺した。

【事例5】殺人と死体遺棄。Ｅ男，19歳，無職。シンナーの吸引仲間のたまり場において，主犯格の少年が被害者に因縁をつけ，殴る蹴るの暴行を加えたことに始まり，その場に居合わせたＥ男らも執拗に暴力をふるった結果瀕死の状態になった被害者を別の場所に連行し，さらに暴行を加えて死亡させた。

次兄の影響で不良化して，14歳からシンナーを濫用し続け，暴走族に加入して無免許運転も繰り返していた。以前は対等であったのに優位に立っている主犯格少年に対して反発を強めていた。これに，かつて交際していた女性と主犯格少年とが親しくしていることへの怒りと嫉妬が加わり，被害者に対する主犯格少年の暴行に乗じて，被害者に対してやつあたり的に暴力をふるった。

①状況＝屋外において仲間と共にシンナーを吸引中，②相手＝シンナーの吸引仲間，③動機＝主導的な仲間による暴行に乗じたやつあたり，④キレるに至った主な原因＝無気力で抑うつ的なうえ，弱気の補償として虚勢を張る性格。さらに重要なのは，仲間内で暴力をふるうことが日常化していたこと，および日ごろから弱気と思われないように仲間どうし互いにみえを張り合っていたこと，⑤暴力の形態＝キレて即座に，仲間と共同して執拗な殴打と足蹴。

【事例6】殺人。Ｆ男，18歳，高校1年生。Ｆ男の家に遊びに来て，その部屋において就寝中の被害者の腹部を登山ナイフで突き刺し，助けを求めて逃げ回る被害者の背部をさらに20数回突き刺して出血多量死させた。

教員である両親は前々から折り合いが悪く，情愛に欠ける家庭であった。小学校時代から学業成績は上位で，有名高校への進学率の高い中学校に入学したが，その後も同様であった。2年時の生徒会長選挙において，立候補した今回の被害者と争って敗れた。中学卒業後，同じ高校に進学した被害者と交友関係が始まり，一見仲のよい一方で，Ｘ大学に入学して被害者に勝ちたいという競争心が強まった。しかし，成績がふるわないので，その大学への合格率の高い有名高校への転校を両親に相談したが，あいまいな返事ばかりで，それにいらだつうちに不眠に陥り，家族に乱暴し始めた。精神科で診察を受けて療養した後に復学したが，2年に進級できなかった。進級した被害者がＦ男の家を久しぶりに訪れてつきあいが再開したものの，Ｆ男は内心穏やかでなかった。被害者から精神病を疑うようなことを言われて決定的に負けたと感じ，被害者を急激に憎悪するようになった。

①状況＝本人の自宅の部屋で被害者と2人，②相手＝友人かつ競争相手，③動機＝侮辱された感じと敗北感，④キレるに至った主な原因＝教員一家という環境を背景に，高学歴志向が強くなり，自分よりも学業成績の劣る者を侮り，学業成績と上位の学校に在学することを人の評価基準と信じ込んでいたこと，⑤暴力の形態＝キレてしばらくして

から，ナイフを使って繰り返し刺突。

　【事例7】殺人。G男，18歳。廃屋になっている工場内において，人目を避けるようにしていっしょに生活している友人に対して，鉄棒で頭部などを繰り返し殴打して死亡させた。

　両親はG男が3歳ごろに離婚した。父親はアルコール依存状態にある元暴力団組員であり，暴力を肯定する態度をG男に吹き込んでいた。父親の頻繁な転居が原因でほとんど通学できず，中学1年の2学期から父親によって就労を強いられ続けた。ホームレスを誘って店で強盗した件により，少年院に送致された。仕事先で被害者と同僚になり，上司とケンカして退職した直後，廃業した工場内で被害者と同居生活を始めた。被害者と非常に親密な関係にあると思い込んで，被害者に過剰に期待し，自己の意に沿わないことがあると要求を押しつけたり，非難したりするうちに本件の2週間前から関係が悪化した。被害者には帰る家も信頼する家族もあることを知ってからは，被害者との一体感を失い，裏切られ，拒絶されたと思い込んで被害者を急激に憎悪するようになった。

　①状況＝廃屋になった工場内において，被害者と共に社会と隔絶した生活，②相手＝親しい同居仲間，③動機＝裏切られ，拒絶されたとの思い込み，④キレるに至った主な原因＝暴力を肯定する父親のしつけ，および，とやかく言うことなく自分を受容してくれる相手を求めずにはいられず，受容的な相手とみなすと過剰な期待を抱き，相手との関係に一方的にのめり込む性格，⑤暴力の形態＝キレて即座に，鉄棒で執拗に殴打。

　【事例8】傷害。H子，19歳，工員。会社の寮において，同僚である3歳下の被害女性の言ったことに対して，H子の恋人は怒って帰ってしまった。H子が腹を立てて被害女性に文句を言いに行ったところ，女子同僚3人とその同僚の恋人も来て，日ごろの被害女性のうそをなじった。被害女性の言い訳にいっそう腹を立て，皆で殴打したり足蹴したりし，ついでその手の甲にタバコの火を押しつけ，裸にした後，自身で陰部にビンを挿入するように強要し，そのようすを写真撮影した。

　母親はH子が6歳時に家出した。再婚後戻ってきた母親や義父と小学校3年時からいっしょに生活し始めた。中学校1年時に異父弟が誕生した後，家族の中心である自分から皆が離れたようで寂しかった。2年時から欠席，家出，シンナーの吸引を始めた。高校を中退後はブラブラし，シンナーを吸引したり，暴走族の集会に出たりした。H子の後から就職した被害女性や共犯女性が寮に入ってくると，上司から指導役を任され，寮生に対して生活態度を注意したが，無視されて悩んでいた。年下で片親と聞いた被害女性に親和感を抱き，世話を焼いてやるつもりが，その身上にうそがあると知って腹立たしいところに，本件時の被害女性の言動があった。

　①状況＝社員寮において，被害者の部屋で他の同僚と詰め寄った，②相手＝同性の同僚，③動機＝うそや言い訳に立腹，④キレるに至った主な原因＝寂しがりで，誰かに相手になってもらって慰めを求める一方で，意地っ張りで，カッとなると自制しがたい性格，および，被害者の日頃の不誠実さ，⑤暴力の形態＝キレて即座に，殴打，足蹴，火傷，陰部への異物挿入の強要。

【事例9】殺人未遂。I子，17歳，高校2年生。被害者から求められて上京し，要求されるまま性交渉中，新しい恋人ができたので別れたいと告げられて衝撃を受けて泣いた。へらへらする被害者に憤り，被害者を殺して自分も死のうと決意し，1週間後の早朝，部屋のガス栓を開いたものの，被害者が異臭に気づいて栓を閉めた。同日朝，要求されて性交渉中，殺すのをためらっていると，被害者から「別れても，たまには会って抱きたいな」と言われて逆上し，隠しておいた果物ナイフでその背部を刺した。

中学校時代に，両親は不仲で，別居，離婚，再婚を2度繰り返した。家庭を嫌って何度か家出したものの，卒業するまで他に非行はなかった。両親は2度目の婚姻後また別居し，I子は母親の側について転居したところ，居住地の空気が悪くて小児喘息の再発があり，父のもとに移って生活した。高校2年時から父親との口論や父親による暴力があり，1学期から欠席するようになった。まもなく1歳上の被害者と知り合い，すぐに性交渉し続けた。被害者の上京までの間，被害者を愛することによって両親の醜悪な関係が原因で傷ついた自分を慰めることができ，上京後も同様な気持ちでいたが，被害者の裏切りや無頓着な態度と発言に憤り，自棄的な気持ちを抱くに至った。

①状況＝被害者の部屋で性交渉中，②相手＝恋人，③動機＝被害者の身勝手かつ無頓着な言動に対する憤激，④キレるに至った主な原因＝不仲な両親が同居と別居を繰り返す環境と，被害者の裏切りや不誠実な言動，⑤暴力の形態＝2度キレて，2度目に即座に，ナイフを使って一刺し。

以上のように，キレて他者に暴力をふるった事例を検討してみると，キレた直後に暴力が生じるとは限らないことがわかる。つまり，当人がキレた後，相手や自身の置かれている状況などについて考え悩んだ末に暴力をふるうこともある。また，キレに直接関係する者に対して暴力が向けられるとは限らないこともわかる。つまり，キレた結果としてやつあたりする暴力もある。「キレて，その相手に対して即座に暴力をふるう」という公になって目にふれることの多いパターンは見かけのパターンであり，実際には，それはキレから暴力の発生までの一連の過程の一部でしかない。

また，キレた事例の家庭環境，生育歴，性格，精神障害について調べて，その要因と解されることを探し出しても，それが，キレて暴力をふるった者に共通する特有の要因ということができるかどうか疑問である。キレにつながったと考えられる個々の要因以上に，諸要因の間の結びつきと流れに注目すべきであろう。

Column ① 名古屋の中学生5000万円恐喝事件

　2000（平成12）年2月中旬，ある中学生が入院先の病院で，同室の患者らの説得によって，同級生に金を脅し取られていることを打ち明けた。同室の入院患者らは少しずつ被害の実態を聞き出し，その中学生が5000万円を超える恐喝を受けている事実が明るみにでた。

　加害少年グループは，ふだんから金回りのよかった被害少年によく金を借りていた。ふとしたきっかけで被害少年の預金額を知った加害少年グループの主犯格少年は，1999（平成11）年6月，預金からほぼ全額の19万円をおろさせ，脅し取った。預金の引き出しを知った被害少年の母親は，学校と地元警察に相談したが，少年は口を閉ざしていた。その後，加害少年グループから暴行を受けた少年は抵抗できなくなり，母親も言われるままに夫の死亡保険金などから，数十回にわたり金を用意するようになっていった。

　被害少年は2000（平成12）年3月14日に母親と2人で被害届を提出した後に，加害少年8人の名をあげ，70回から80回恐喝されたと証言した。愛知県警は4月以降，加害少年ら14人を逮捕した。愛知県警が加害少年を逮捕して供述をつきあわせたところ，最終的に被害少年を恐喝したのは12人，計130回あまりにわたって恐喝を繰り返したと判明した。

　加害少年らは脅し取った金の使途について，パチンコやタクシー代，性風俗，高級ブランドのスーツや腕時計，眼鏡，日焼けサロンなどをあげた。1999（平成11）年10月に500万円を恐喝した主犯格少年ら3人は，新幹線で大阪へ行き，ブランド品の財布やアクセサリーを買い，フグやカニを食べ，風俗店をはしごした。持ちきれないほどの買い物をした3人は，タクシーで名古屋まで戻った。彼らはこの日だけで40万円近くを使い，500万円は1か月ほどでなくなったという。

　また，主犯格少年は1学年上の土木作業員の少年から二重恐喝を受け，さらに彼ら2人は暴力団と関係のある年上のチーマー*兄弟から恐喝を受けていた。今回の事件の場合，このような多重恐喝の構図が，末端での同級生どうしによる恐喝をエスカレートさせたといわれる。

　＊若者言葉で不良仲間のこと。チームを「徒党を組む」と解釈して生じた表現。

3　対教師暴力

　本稿では学校における暴力行為の中から対教師暴力について取り上げ,「キレ」の諸相を論じたい。

　文部科学省 (2001) の定義による学校における暴力行為とは,「自校の児童生徒が起こした暴力行為」をさし,「対教師暴力」「生徒間暴力」「対人暴力」「器物損壊」の4形態に分類される。

　文部科学省の「対教師暴力」の例では,「教師の胸ぐらをつかんだ」,「教師めがけて椅子を投げつけた」,「教師に故意に怪我を負わせた」などの教師への暴力があげられているが,ここでは心理学的視点から,暴言や授業ボイコットなどによる心理的暴力も含め,対教師暴力の諸相を提示する。

1──統計資料から

　文部科学省 (2001) による対教師暴力の学校別内訳は,表1-3ならびに表1-4のとおりとなっている(小学校については,平成9年度から調査を開始)。この件数は文部科学省が把握している数字であり,現場の実態とまではいかないであろうが,対教師暴力を考えるうえで貴重な資料と思われる。

　1997 (平成9) 年度の調査からは小学校も調査対象に加え,学校外の対教師暴力も含めるようになったので単純な比較は難しいものの,中学校の対教師暴力発生件数は1984 (昭和59) 年度～1995 (平成7) 年度は500～800件台,高等学校は1982 (昭和57) 年度～1996 (平成8) 年度は100～200件台であり,1997 (平成9) 年度以降の最近の増加は非常に顕著といえる。特に,小学校や高等学校に比べ中学校の発生件数は群を抜いており,問題の深刻さがうかがえる。

2──対教師暴力の最たる事件

　対教師暴力の最たる事件として有名なのは,1998 (平成10) 年に起こった栃木県黒磯中学校男子生徒による女性教師刺殺事件であろう。事件の詳細はコラム②に譲るが,男子生徒は補導歴や校内暴力などの目に見えた問題がない生徒だったことから,「キレる」という言葉が大々的に報道された事件でもあっ

表1-3 年度別の中学校・高等学校の対教師暴力の実態（文部科学省, 2001）

	中学校			高等学校		
	発生件数 （件）	加害生徒数 （人）	被害教師数 （人）	発生件数 （件）	加害生徒数 （人）	被害教師数 （人）
1982（昭和57）年度	1404	2810	1715	159	238	165
1983（昭和58）年度	1139	2030	1440	131	173	146
1984（昭和59）年度	737	1343	923	122	182	131
1985（昭和60）年度	681	1237	909	117	178	125
1986（昭和61）年度	624	1058	838	107	137	116
1987（昭和62）年度	557	886	693	108	137	122
1988（昭和63）年度	721	1079	915	123	187	147
1989（平成元）年度	744	1014	872	136	191	149
1990（平成2）年度	713	995	890	225	257	263
1991（平成3）年度	632	922	753	226	279	228
1992（平成4）年度	724	977	882	239	277	244
1993（平成5）年度	719	1003	898	198	217	207
1994（平成6）年度	797	931	940	195	207	202
1995（平成7）年度	888	1001	1036	227	236	220
1996（平成8）年度	1316	1431	1402	234	256	244
1997（平成9）年度	3116	2727	2927	444	490	484
1998（平成10）年度	3691	3141	3298	588	610	597
1999（平成11）年度	4144	3498	3849	666	721	699
2000（平成12）年度	4744	3834	4330	829	866	857

注）1996（平成8）年度までは，学校外を含まない。

表1-4 小学校の対教師暴力の実態（文部科学省, 2001）

	発生件数 （件）	加害生徒数 （人）	被害教師数 （人）
1997（平成9）年度	193	153	156
1998（平成10）年度	195	142	147
1999（平成11）年度	161	125	131
2000（平成12）年度	205	123	175

た。
　その後，女性教師の遺族は黒磯市と男子生徒の両親を相手取り，損害賠償を求めて訴訟していたが，その判決が2002（平成14）年3月27日に宇都宮地裁で出ている。遺族と市との和解が成立し（加害生徒の両親への訴訟は継続中），その和解案の中で市側は，「わが国の学校教育現場において教師が生徒の暴力により，生命・身体の安全を脅かされる危険に直面しうる状況が存在する」ことを認め，「子どもの暴力に対し，教師に正当防衛を認める」，「学校の各教室に非常ベルを設置し，教職員にも携帯の防犯ブザーを配備する」，「子どもの所持品検査に関する基準を作る」などの具体策を示した。また，「学校と設置者は，教職員の生命と身体を守るために具体的な方策を取るべき」であるとも提案している。つまり，対教師暴力は存在する事実として，（予防や対策も重要であるが）「自衛」が求められる時代の到来を象徴する和解案といえそうである。

❸──背景からみた諸相

　財満（1999）は対教師暴力の背景として，「生徒の問題」，「家庭の問題」，「学校や教師の問題」，「社会やマスコミの問題」の4つをあげている。実際の対教師暴力事件では，これら4つの背景が複雑に絡み合っていると思われるが，現場の教師の声を聞いてみると，意外に「教師の問題」を背景にあげる場合が多い。
　一方の生徒の声であるが，ＮＨＫ世論調査部（1984）によると，こちらも「校内暴力の原因は教師」という声が多かった（中学生：先生が一部の生徒をひいきするから26％，生徒の悩みを先生が一緒に考えてあげないから18％，高校生：先生が一部の生徒をひいきするから17％，生徒の悩みを先生が一緒に考えてあげないから21％）。
　小学校では物理的に激しい対教師暴力は稀であろうが，暴言や授業ボイコットなどによる心理的暴力は多々みられるという。これは小学校に限らず，中学校や高等学校でも多くみられる。そこには教師と生徒との信頼関係の喪失（あるいは未確立）が大きくかかわっているが，一度崩れてしまった関係の修復は非常に難しいようである。

次に示す事例では,「教師の問題」を視座におきながら,中学校における,暴言や授業ボイコットなどによる心理的暴力も含めた,対教師暴力場面を例示する。なお,この事例は教育的配慮に基づいて,その本質を損なわない範囲で事実関係を差し替えていることを最初に申し述べておく。

4 ── 対教師暴力の事例:教師Aの場合

 Aは教師生活の長いベテラン教師であるが,何事にも主体性がなく,そのためクラス運営でも一貫性を欠く対応が目についた。学年持ち上がり制のなかで,Aはそのまま今年度は3年生を受け持った。昨年度もAは自身の一貫性のなさに基づく生徒の不満を,威圧的に抑えることで何とか乗り越えていた。しかしAは保護者から「熱心で指導力のある先生」と評判がよく,それがAの自信ともなっていた。

 「生徒の不満が高まっているようですよ。もっと生徒の声に耳を傾けてはどうですか?」というまわりからの忠告に対しても,Aは「大丈夫。生徒たちのことは全部把握している。みんな,僕の言うことを聞いていれば問題ないよ」と応答していた。

 Aは生徒の話を聞かないのと同じように,他の教師の話にも聞く耳を持たず,自信満々な態度を示すので,それ以上の忠告は難しく感じられた。Aは「うちのクラスは完璧」と繰り返し言ったが,その言葉はクラス運営の不安を打ち消す呪文のように聞こえた。

 1学期も半ばにさしかかったころ,遠足先で雨に降られた時に,Aが中止とするか続行するかであいまいな態度をとったことが引き金となって,それ以後クラスでは授業が成り立たなくなってしまった。保護者からの苦情を受け,副担任のBが授業を補佐するよう指示されたが,すでに焼け石に水であった。クラスは収拾がつかず,立つ者,話す者,叫ぶ者,遊ぶ者,とバラバラになってしまっていた。副担任が教壇に立つとクラスは落ち着きを取り戻したが,その時,Aが側にいるにもかかわらず,「B先生のほうが教え方がうまい。A先生と担任を代わってほしい」と叫ぶ生徒Cがいた。驚いたAは真意を問いただそうとCに近付いたが,Cはまた威圧的に抑えつけられると思い,瞬時にAを平手打ちした。Aの落ち込みはひどく,痛々しいほどであった。「うちのクラスは完

壁」と思い込んでいたAにとって，Cの行動は「キレ」としか理解できないようであった。

CはAにまったくそっぽを向いてしまって話そうとしないので，副担任がAに付き添ってC宅を家庭訪問することにした。Aは家庭でもCに会えなかったが，家庭訪問の事情を父母に伝えると，謝られるどころか，「うちの子に限って，先生に暴力をふるうことなんてありえない」と逆に叱責されてしまった。副担任も当時の状況を正確に伝えようとしたが，父母はわが子から聞いていた日頃の不平不満をAにまくし立てるばかりで，いっこうに会話は成り立たなかった。

Aはまったく自信を喪失してしまい，自分のクラスに近付くのを怖がるようになった。さらに，Cの両親が教育委員会に「うちの子が悪者にされた」と苦情を訴え，教育委員会や管理職から指導が入ったことが追い討ちとなり，Aはついには学校に来られなくなって休職した。

「教師の問題」を視座におきながらと前置きしたものの，この事例はいろいろな問題を考えさせられる。この事例からは「教師の問題」として，主体性に乏しい，アイデンティティが未確立の教師像が浮かび上がる。現在クローズアップされている問題教師（不適格教師）の問題や，教師のメンタルヘルス問題ともおおいに関連すると思われる。また「家庭の問題」についても考えさせられる。学校現場では，家庭の変化を述べる声が多く聞かれる。最近は学校や教師へのマイナスイメージが強いと言われる。そこでは「マスコミの問題」をあげる声もあり，問題教師を大きく取り上げ過ぎるとの批判もある。しかしその背景には，不安定な社会における，教師という職業への期待の大きさがあるのではないだろうか。保護者・地域社会・管理職などからの多大な期待を一身に担いながらの職務のなかで，対教師暴力が教師や生徒に与える心理的影響の大きさは計り知れないであろう。

Column ②
栃木・黒磯の中学1年生による教師刺殺事件

　1998年1月28日，栃木県黒磯市の中学校で英語担当の女性教師（当時26歳）が，校舎内で1年生の男子生徒（当時13歳）にナイフで刺され，死亡する事件が起こった。

　校長の記者会見を伝える新聞（朝日新聞，1998.1.29）によると「まじめで目立たず，不良とつきあうワルではなく，問題行動も学校が把握する限りは皆無で，成績は中ぐらいだった」という。いつも雑談する友人はクラスで5人ほどいたが，仲間のリーダー格でもなかった。両親と祖父，兄弟3人の6人家族という。彼に対する周囲の印象を総合すれば，"ふつうの子"と考えられる。どうしていわゆる"ふつうの子"だった彼が教師を刺殺するに至ってしまったのだろうか。

　精神分析的自我心理学では，自我は超自我，エスおよび環境との絶えざる葛藤を調節するものとしてとらえられている。環境からの圧力やエスの衝動を抑える能力が不十分な場合は，自我のもつ葛藤を調整する力が不足していることが予想される。この男子生徒は「不良とつきあうワル」ではなく，その日まで，教師に叱られるようなことはなかったと友人らが証言している。事件当日，男子生徒は英語の授業に約10分遅れて着席し，教師から「トイレに行くのにそんなに時間がかかるの」と注意された。さらに授業が進み，付近の生徒と漫画の話題などについて雑談を始めたことで，「静かにしなさい」と再び叱られた。その授業終了後に教師から注意を受けている最中に「カッとなり」，教師をナイフで刺してしまった（朝日新聞，1998.1.30）。一連の教師の注意は，周囲から見てさほど激しいものではなかったのにもかかわらず，男子生徒は授業の終わり近くに，教師をにらみつけ，「ぶっ殺してやる」とつぶやいていたという。男子生徒の自我には，1日に3回も教師から注意を受けたというストレスに対する耐性がなく，そのストレスを受けたことによって生じる怒りの衝動を抑える強さを持ち合わせていなかったという可能性も考えられる。

　男子生徒の担任は，彼が事件前に保健室に繰り返し通い，情緒不安定だと養護教諭から報告を受けていた。このことから男子生徒の日常生活には，いくつかの葛藤が存在したことが予想される。しかし，ハルトマン（Hartmann, 1961）の指摘によれば，自我機能には葛藤とは直接関係しない「葛藤外自我領域」がある。この機能が十分にはたらいている状況であれば，彼のストレスや衝動に対する自我の耐性は異なっていたかもしれない。

4 家庭内暴力

1──はじめに

　広く家庭内暴力という場合には，暴力をふるう主体と暴力の対象となる相手との関係によりいくつかの種類に分類できる。第一に夫婦間の暴力である。近年注目されるようになったドメスティック・バイオレンス（ＤＶ）が，これに該当する。第二に親から子に対する暴力である。同じく，近年特に問題視されるようになった児童虐待の多くが，親（実父母や継父母等）がその子ども（継子を含む）に対して暴力をふるうものである。第三に子から親に対する暴力，第四に兄弟姉妹間の暴力がある。

　狭義に家庭内暴力という場合には，これらのうち第三および第四に相当するもので，暴力をふるう主体が子どもである未成年者で，暴力をふるわれる対象となるのがその両親や兄弟姉妹である場合をさす。実例においては，これらの場合が複合して現れることも多い。本稿では，この狭義の家庭内暴力について，典型的な2つの事例を通して考察することとしたい。

2──Ａ男のケース

（a）両親の生活歴

　父は五人兄弟の長男で，父方祖父母は父が小学生の時に離婚している。その後，母（祖母）が再婚し，義理の父と養子縁組をしている。中学卒業後に親戚を頼って防水工として就職したが，4か月あまりで退職して以後は大工として就労した。大工としての腕はよく，近隣では指折りの大工となる。

　母は五人姉妹の五女で，中学卒業後は専門学校に進学したが1年足らずで中退し，以後は喫茶店などでアルバイトをしていた。

　父が大工として就労していた時に，客として訪れたスナックで母が働いていたことから知り合い，2～3か月後には同棲を始めた。当時，父は18歳で母は23歳であった。

　母は父が6歳年下であることから結婚までは考えていなかったが，父のまじめで面倒見がよく，やさしいところにひかれて父が23歳，母が29歳の時に結婚した。母がＡ男を妊娠中に，父は大工として独立して自営を始めた。母は結

婚後は仕事をやめて専業主婦となった。
(b) A男の生活歴
　A男は父23歳，母30歳の時に第一子長男として出生。未熟児で黄疸(おうだん)があったため生後1か月半まで保育器に入っていた。その後の発育は比較的順調であったが，第一子であるため両親ともにどのようにA男に接したらよいのかわからない状態であった。

　A男が2歳の時に父が仕事のストレス（自営で会社を経営することなど）から神経症となり，通院加療を受けるようになった。そのため，この時期は父はほとんどA男と遊ぶことはなかった。その一方で，父はしつけのためといいながらA男に対して体罰を加えるようになり，母からみても少しやり過ぎなくらいであった。そのため，母はA男を不憫(ふびん)に思いできるだけ一緒に連れ歩くようにしていた。A男が3歳の時に，父は自営業をやめて大工として会社勤めをするようになった。

　A男が5歳の時に妹が生まれた。両親ともに女の子の誕生を望んでいたこと，父は自営業をやめたことから精神的ストレスが軽減したこと，第二子ということである程度子育てに余裕をもってあたることができたことなどの理由から，A男の時とは異なり，両親特に父は妹をかわいがって，愛情をもって接した。そのため，A男はすでに5歳になっていたが赤ちゃん返りをしたり，妹に嫉妬して陰で妹をいじめたりするようになった。

　A男は小学校に入学すると，ささいなことで同級生とトラブルを頻繁に起こすようになり，3年生の時には同級生とのケンカや担任教師に対して反抗したり，暴言を吐くなど粗暴な態度がめだつようになった。しかし，この当時まで父はA男に対して手をあげることが多く，A男は家庭内では父の顔色をうかがいながらピリピリしたようすで過ごすことが多かった。しかし，5年生のころから母が父に対して日常的にできるだけストレスを与えないように心がけたところ，父がA男に対して暴力をふるうことはなくなった。

　A男は中学に入ると陸上競技にその才能を発揮し，3年時には全国大会で6位入賞という好成績を収めた。一方で同級生とのトラブルは増え，中学2年時には授業中の態度が悪くなり，教師に対して反抗したり，校内で自分よりも弱い相手に対して暴力をふるい，校外では万引きや原付の無免許運転等をしたり

した。そして，3年時には一部の問題行動のある同級生と不良グループをつくり，それ以外の同級生からは完全に浮いた存在となった。中学卒業後は私立高校の体育科に推薦入学したものの，入学早々に強盗致傷事件を起こして逮捕され，少年院に送致された。高校は退学となり，約1年後に少年院を仮退院したものの生活状況はまったく改まらず，地元の不良グループと暴走やひったくり，恐喝を繰り返し，シンナー吸入も常習化するようになった。このころになると，家にもほとんど寄りつかず，両親の言うこともまったく聞かなくなった。

(c) A男の家庭内暴力

16歳で少年院に送致されるまでは，外での暴力行為は頻繁にあったものの，家庭内で家族に向かって暴力をふるうことはなかった。

17歳の時に仕事もせずに不良交友を繰り返すA男に対して父親が厳しく注意したところ，急に腹を立てて父にくってかかった。このときは手は出さなかったが，その数日後に妹のささいな言動に腹を立て，妹に対して暴力をふるった。最後は逃げ回る妹を追いかけ回した結果，妹が逃げ込んだ風呂場のドアを殴ろうとして誤ってガラスを割り，割れたガラスで妹に重症を負わせてしまった。さらには，その場に居合わせた母に対しても殴る蹴るの暴力をふるい，肋骨にヒビが入るケガを負わせた。

(d) A男の家庭内暴力における「キレ」

両親特に父はA男に対して厳しく，幼少時から体罰を加えることが多かった。5歳年下の妹に対しては非常に甘く，とてもかわいがった。このことはA男にとって理由がわからず，非常に不満なことであった。父に対しては恐れを抱き，2人きりになることを嫌がった。どうにか平気になったのは，小学5年生の時に父がA男に対して暴力をふるわなくなってからであった。母に対しては非常に甘えが強く，何かと頼りにしていた。妹に対しても時々陰で意地悪をする程度で暴力をふるうことはあまりなく，日常的にはかわいがっていた。A男から見ると妹は両親から溺愛され，そのことを鼻にかけて自己中心的でわがままなふるまいがめだち，常々腹を立てていた。

本事例で妹に対して暴力をふるった場面では，ささいなことで腹を立てて妹に対して軽く小突いた。さらにもめているところに母が帰宅して事情もわからないままに一方的にA男を叱り，妹をかばった。以前から両親特に父が妹をひ

いきしてかわいがり，自分を邪険にすると感じていたところへ母までもが一方的に妹の味方をすると感じたことで「キレ」てしまった。そのため，妹を執拗に追いかけ回したうえに結果的に大ケガをさせ，母にまで暴力をふるうという結果になった。

3 ── B男のケース

(a) 両親の生活歴

父は三人兄弟の長男で地元の高校を卒業後，有名私立大学に進学した。大学卒業後は一部上場の有名企業に就職した。

母は二人姉妹の二女で地元の高校を卒業後，地元の短大に進学した。短大卒業後は父と同じ会社に事務職として就職した。

父母は同じ会社の同僚として知り合い，父が27歳，母が24歳の時に結婚した。結婚後は母は仕事をやめて専業主婦となった。

父が29歳，母が26歳の時に兄が生まれ，その2年後に姉が生まれた。

(b) B男の生活歴

B男は父が36歳，母が33歳の時に第三子二男として出生した。やや年の離れた末っ子であったため，幼少時は比較的甘やかされて育った。小学生の時は特別な努力をしなくても成績は上位であった。父は仕事が忙しく，日常的に子どもと接することはほとんどなく，特にB男が小学校4年生になって以後は，深夜に帰宅して早朝に出勤するため，子どもたちと顔を合わせることすらまれになった。父は子どもと顔を合わせると，誰に対しても「しっかり勉強しろ」としか言わなかった。

B男は中学に入学すると徐々に成績が落ち始め，学年でも中の上程度の成績をとるようになった。母はB男に勉強をさせるために成績と引きかえにB男の欲しがるものは何でも与えるようになり，成績も上昇した。B男が中学3年生の時には兄も姉も大学に進学して家を出ており，父も数年前から海外へ単身赴任をして帰国するのは年に2～3回で，事実上母との2人暮らしであった。

(c) B男の家庭内暴力

B男は中学を卒業すると地元でも一番の進学校へ進学した。成績優秀者が集まったことによりB男の成績は相対的に下降することとなり，校内では中の上

程度の成績となった。Ｂ男ははじめは塾のせいにして塾をかわったり，高校２年生になると母に頼んで家庭教師をつけてもらった。しかし，思うように成績が伸びず，そのことが原因でいつもイライラするようになった。Ｂ男は小学生のころから思い通りにいかないことがあると部屋の中の物を投げたり，壁をたたいたりと物に当たり散らすことがよくあったが，このころから母に対して「俺の成績が悪いのは，頭を悪く産んだお前のせいだ」などと言いながら暴力をふるうようになった。母は当初はＢ男が暴力をふるうことをひたすら隠し，欲しがる物を与えて機嫌をとろうとしたがＢ男の成績は上がらずに暴力だけがエスカレートしていった。Ｂ男は高校３年生の二学期には不登校となり，勉強することもやめて部屋にこもってゲームばかりするようになり，母が登校を促したり，ささいなことで不機嫌になると母を部屋に呼びつけては暴力をふるうようになった。

(d) Ｂ男の家庭内暴力における「キレ」

　Ｂ男の父は仕事が忙しく家族と一緒に過ごす時間が短く，特にＢ男が物心ついてからは一緒に遊びに行ったこともほとんどなかった。たまに顔をあわせると「勉強しろ」や「勉強してるか」という言葉をかけるだけで，精神的には父親不在の家庭であった。母はＢ男が歳の離れた末子ということもあって兄や姉に比べて非常に甘やかして育てた。兄や姉もＢ男とは歳が離れているためにあまりケンカをすることもなく，小さいころはよく面倒も見たがそれぞれ中学に入学する頃からは自分のことに忙しくなり，Ｂ男にかまうことはほとんどなくなっていた。

　Ｂ男は勉強してよい成績をとりさえすればほとんど自分の望みはかなえてもらえる状況で育ち，父の単身赴任や兄姉の進学で母との２人暮らしになると，Ｂ男と母の関係は親子というよりも主従関係となり，母はひたすらＢ男の機嫌をうかがって生活するようになった。

　母との関係においてはＢ男は絶対君主として何でも思い通りになったが，外の世界に対しては思い通りにならないことが多く，特に学校の成績に関しては，高校進学後は，それ以前よりも学校のレベルが上がったこともあって思い通りの成績がとれず，欲求不満がたまることになった。この不満の捌け口が母となり，一番甘えられ，依存している対象に対して「キレ」て暴力をふるうことに

なった。

4 ──まとめ

　家庭内暴力を起こす子どもは、大別するとA男のように自分自身が体罰等の暴力を受けて育ち、思春期になって自分が暴力をふるうようになるパターンと、B男のように自分は暴力を受けたことはないが、思春期に自分が暴力をふるうようになるパターンに分けられる。

　前者のように、暴力をふるった相手が自分より強い場合は、通常その人の暴力は自分に暴力をふるった相手には向かない。父から暴力を受けたA男が暴力を向けた相手は妹や母であった。しかし、思春期になって身体的な強さが逆転すると、暴力をふるった相手そのものに暴力をふるうことも多い。また、その場合は、他の家族も対象になることが多く、家庭内暴力に歯止めがきかなくなることがある。

　後者のパターンは、B男のように幼少時から甘やかされて育ち、十分な自制心や自律性を身につけることなく成長した子どもに多くみられる。これらの子どもは自己中心的で、うまくいかないことがあると原因を他者に帰属させてしまいがちで、暴力の対象となるのはその子どもが最も依存している人が中心となる。したがって、暴力の対象にされるのは母親であることが多い。

　なお、前者の場合は、家庭での暴力以外に、家庭外の生活でも問題行動が現れることが多く、家族も周囲に相談して対応をとりやすいが、後者の場合は家庭外で問題行動が現れることは比較的少なく、母親が暴力の対象となっている場合はその事実を周囲に対して隠そうとすることも少なくない。B男のケースでは、B男が母に対して暴力をふるい始めた初期のころは、まだ学校にも行っていたこともあって、母は誰にもB男の家庭内暴力のことを相談せず、B男が不登校となって家に引きこもるようになってはじめて父親や周囲の人に相談をしている。

　（付記）文中の事例は、プライバシー保護のために実際の事例を複数組み合わせるなどして加工してある。

Column ③
親のキレ（乳幼児虐待）

　「児童虐待」について家庭裁判所が直接的に対応する主な事件は，家事事件中の福祉施設収容の承認（児童福祉法第28条），親権喪失宣告等の事件である。それぞれの事件の申立て件数は漸増しつつあるものの全国で年間100余件程度であり，児童相談所の相談件数に比較するときわめて少ない。これらのものの多くは行政機関のネットワークのなかで何とか収まりをつけられ，現状ではよほどの事例のみが家庭裁判所に持ち込まれているといえよう。家庭裁判所ではこれらの事件について迅速に対応する態勢をとっており，家庭裁判所調査官はただちに親や児童，関係者に対して慎重な面接を重ねながら虐待の事実の把握に努めることになる。一般に虐待親の防御姿勢は強く，虐待の動機についてはそれと認めたうえでの述懐が聞かれることはまれであり，周辺的な事情からの推測によらざるを得ないことが多い。一方，少年事件では生活史の聴取において親や少年から虐待と見なされるエピソードを回想的に聞くことがしばしばある。

　中村ら（1999）は虐待親の心理的特徴について次のように整理している。①依存性，未熟性及び衝動性，②子どもに対する非現実的な期待，③「完璧な母」への願望とコントロール欲求，④子どもに対する歪んだ認知，⑤しつけの方法としての虐待，⑥世代間伝達，⑦その他，障害児等で養育に手がかかる，望まなかった出産，経済的に苦しく愛情豊かな対応がとれない等の事情が背景となっている場合。

　虐待親の抱える人格的な問題のレベルは一様ではなく，親の育児に向けられるべきエネルギーがさまざまなストレスの影響で低下した結果，子どもの欲求に応じられなくなって虐待に至るという神経症レベルから，境界性パーソナリティ障害，自己愛パーソナリティ障害，反社会性パーソナリティ障害等のパーソナリティ障害レベル，また，数的には多くないが精神障害レベルもみられる。なお，世代間伝達の影響を受けている虐待親では，自身が子どものころに受けた虐待から心的外傷後ストレス障害（PTSD）に陥っており，それがある出来事で刺激されると感情が爆発的に表出されたり，感情の解離が生じて虐待に至っている場合もあるといわれている。

Column ④ 乳幼児のキレ

　ここ数年，青少年による「キレ」や暴力行為が大きな社会問題となっている。このような問題は，青少年に特有の問題なのであろうか。

　幼稚園で子どものようすを観察していると，年長組のひとりの男児に友達の投げたボールが当たった。ボールを投げた子どもが，「ごめんね」と言いながらその男児に近づくと，男児は突然大きな声で怒鳴り，泣き始め，ボールを投げた子どもに対して激しく暴力をふるい始めた。まわりにいた教諭や友達が，泣き叫んで暴れている男児を静止させようとするが，男児はその静止を振り切り，30分以上も怒鳴ったり暴れたりしつづけた。まさに「キレ」て自己制御がきかない状態になっているように見えた。

　2001年春，北九州市児童相談所は，「キレる」子どもについての調査を，全国120の保育園を対象に実施し66園から回答を得た。その結果，「キレる」子の出現率は3歳未満児のクラスで1.6％，3歳児2.9％，4歳児4.3％，5歳児3.8％であった。さらに，「キレる」子どもがいるクラスの比率は，同年齢の全クラス中で3歳未満児25％，3歳児32％，4歳児48％，5歳児52％であった。

　つまり，4歳児になると，約半数のクラスが「キレる」子どもを抱えていることになる。37園から寄せられた計73人の「キレる」子どもに関する事例報告によると，女児は6人だけで男児が圧倒的に多く，最年少は2歳児であった。この結果は，「キレる」傾向が保育園児など低年齢層にまでみられることを証明するものである。

　「キレる」子どもの背景について，保育士が「親からの虐待があると思う」と回答したケースが計49件で，全体の67％を占めた。厚生労働省による児童虐待に関する実態調査によると，全国で虐待を受けている子どもの約半数が小学校就学前までの乳幼児であることがわかった。

　「キレる」子どもは，家庭の養育に問題があるケースが多いようである。「キレて」暴れるという行為は，追いつめられた子どもたちの心のSOS信号ではないだろうか。まわりの大人が「キレる」子どもの背景に目をそむけていては事態は改善しない。「キレる」子どものサインを受けとめ，慎重な対応をする必要があろう。

5 病理的なキレ

　青少年がキレるとき，その言動の背景には稀に病理的な問題が存在することがある。特に，キレが繰り返されて持続するような場合や極端に激しい場合などは，何らかの精神障害によって引き起こされる症状や問題行動である可能性もある。ここでは，青少年期にみられることの多い精神障害を取り上げ，それに基づいて生じる病理的なキレの諸相について述べる。

1 ── 統合失調症とキレ

　精神病の中で発生頻度が高く代表的なものは統合失調症（精神分裂病）と気分・感情障害（うつ病）であるが，これらは内因性の精神疾患に分類される。つまり，何らかの遺伝的な性質の上に環境的な因子が加わって発症するものと考えられているが，原因はまだ確定されていない。その中で，統合失調症は思春期や青年期に最も発症しやすいという特徴がある。発症率は一般人口の約0.8％といわれている。ほぼ100人に1人のありふれた疾患である。多くは慢性的に経過するが，最近では人格荒廃に至るような重症例は少なくなっているようである。

　発症の時期は不明瞭であることが多く，その前後に現れる症状もさまざまである。たとえば，漠然とした不安や緊張，焦りを感じたり，抑うつ，不眠，集中力の低下などを訴えたりする。周囲からみても意欲が低下し，身辺の出来事への興味が薄れ，だんだん仕事や勉強もしなくなり，人を避けて引きこもりがちになる。そのうち，客観的に理解しがたいような言動が目につくようになる。

　最も症状が激しく現れる急性期には幻覚や妄想が活発になる。幻覚とは実際には存在しないものが聞こえたり見えたりする症状で，「人が自分の悪口を言うのが聞こえる」などの幻聴が特に多い。妄想とは客観的な根拠がなく現実にはあり得ないことに対して主観的な強い確信をもってしまうという思考の障害で，「盗聴器が家にしかけられている」，「食べ物に毒が入っている」などと訴えたりする。こうした急性期の症状が収まったあとにも，論理的，現実的思考の困難さや，意欲の乏しさ，感情の動きや深みの乏しさなどの症状が持続することもある。

　統合失調症の人は，自分が病気であるという自覚をもちにくいのも大きな特

徴である。特に，急性期には病識をまったくもてないことが多い。しかし，病状が落ち着くと，自分の病気や症状をある程度理解できるようになる場合もある。

【事例】来談時18歳，男性
　幼少期から内気でおとなしい子だった。高校3年のころ，受験勉強に行き詰まったときなど，イライラして母親に反抗することもあったが，何とか地元の大学に合格した。しかし，入学してしばらくすると授業に出ることをいやがるようになった。両親が理由を確かめようとしても，はっきりした悩みがあるようにもみえなかった。やがて彼は一日中自分の部屋に閉じこもるようになった。昼夜逆転の生活になり，食事も不規則になった。両親が心配して部屋をのぞいたり，生活状態を注意しようとすると，彼は激しく興奮して怒りをぶつけた。部屋も荒れ放題で，やがては入浴や着替えも自分からはしなくなり，部屋で独り言を言ったり，くすくす笑っていたりすることも多くなった。あまりにも奇妙な言動がめだつようになったので，両親が彼を説得して病院に連れてきた。

　病気に基づいたキレが出現するのは，発症の初期から急性期が多い。たとえば，状況に不適切な怒りを突然爆発させて，周囲は何を怒っているのかが理解できなかったりする。自殺企図がみられることもある。病型によっては，激しい興奮や困惑で急激に発症し，暴力などの衝動行為をともなうものもある。ただ，こうしたキレは必ず出現するとは限らず，引きこもって無為自閉的になることも多い。

2──パーソナリティ障害とキレ

　人格とは，その個人に特徴的で一貫性のある認知，感情，行動のあり方をいうが，それらが著しくかたよって固定化したために，自分や周囲の人を苦しめてしまう状態をパーソナリティ障害という。この人格のかたよりは，幼少期からその傾向がみられるが，明確になるのは人格が確立してくる青年期以降で，その後も持続する傾向がある。この点で統合失調症や気分・感情障害などの疾患とは異なる。American Psychiatric Association（2000）によるDSM-IV-TR（精神疾患の分類と診断の手引新訂版）では，パーソナリティ障害を10のタイプに分け，それらを次の3群に分類している。つまり，現実との接触が奇妙で風変わりな統合失調症的な特徴をもつ群（妄想性，シゾイド，失調型），感情的，不安定で対人関係を混乱させやすいという特徴をもつ群（反社会性，境界性，演技性，自己愛性），恐怖，不安といった神経症的な特徴をもつ群（回避

性，依存性，強迫性）という分類である。

　このうち，思春期，青年期のキレとかかわりが深いのが境界性人格障害である。その特徴として，①見捨てられることへの不安が非常に強く，それを避けるために異常なまでの努力をすること，②対人関係が非常に不安定で，自分によくしてくれそうな人をすぐに理想化するが，それが十分でないと感じると，即座に態度が変化して相手を激しく攻撃したりすること，③一貫した自己像をもちにくく，価値観や将来の目標などが突然変化したりするなど，自己の同一性の障害があること，④自殺しようとしたり，自分を傷つけるような行為を繰り返すこと，⑤気分が変わりやすく，感情が不安定であったり，制御できない不適切で激しい怒りを示すこと，⑥慢性的な空虚感に悩まされていること，などがあげられる。つまり，相手に対して非常に穏やかで従順で，相手を慕い尊敬しているような態度を示していたかと思うと，突然キレ態度ががらりと変わり，激しい怒りをぶつけたり，手首を切るなどの自傷行為に走ったりしてしまうのである。

> 【事例】来談時17歳，女性
>
> 　小さいころからあまり友達とも遊ばずに勉強ばかりして，成績もよく，クラス委員もやるなど，よい子として育った。やがて，高校は難関の進学校に進んだが，クラスの雰囲気になじめず，勉強にもついていけなくなり，だんだん学校を休みがちになった。イライラすることも多くなり，このころから過食も始まった。それまで母親に逆らうことはなかったが，母親のちょっとした言動に対して激しい怒りを爆発させるようになり，暴言を吐いたり，食器や窓ガラスを割ったり，やがては母親に対して直接暴力をふるうようになった。さらに，こうした衝動行為のあとなどに，自分の手首をカッターナイフで切ってしまうことも多くなった。一方で，泣きながら母親に謝ってきたり，時には母親に甘えたり，「これからどうしたらいいのかわからない。むなしい」などと訴えることもあった。しかし，態度が変わりやすく，衝動行為は繰り返された。結局，高校を中退して，アルバイトをするようになった。バイト先で恋人ができると，はじめはとても仲よくしているが，落ち込んでいるのにすぐに会ってくれないときなど，何度も電話をかけ続け，恋人を激しくののしったり，自殺をほのめかして電話を切ったりし，こうしたときにも手首を切ることが多かった。恋人から別れ話を持ち出されて，突然ベランダから飛び降りようとしたこともあった。結局つきあいは長続きせず，別れたらすぐに新しい恋人とつきあうということを繰り返していった。こうして，仕事もなかなか続かず，衝動行為はますます激しくなり，困り果てた母親が彼女を連れて病院を受診した。

　境界性人格障害の病因については確定されていないが，早期の母子関係や虐

待，家族のあり方などといった環境の要因だけではなく，遺伝的な素因も関連しているると考えられている。

❸──心的外傷後ストレス障害（PTSD），解離性障害とキレ

　強い心的苦痛をともなった衝撃的な体験のあと，その体験が心の傷として残ってしまうことがある。こうしたストレスによって苦しめられるような障害を心的外傷後ストレス障害（Post Traumatic Stress Disorder：PTSD）という。その原因となる外傷的な体験とは，自分や他人の生命に危険が及ぶような状況に遭遇するというような場合である。たとえば，自然災害，火災，交通事故，誘拐，監禁，虐待，暴力，テロ，戦争などの体験があげられるが，そのほかにもレイプや性的虐待などの性的外傷や，中傷，罵倒などの言語的外傷もPTSDの原因となる。

　PTSDの症状はいくつかに分けられる。たとえば，外傷の記憶が苦痛な感情をともなって繰り返しよみがえる，つまり外傷をあたかも今まさに体験しているかのように，当時の感覚や感情もそのままに再体験してパニックに陥る状態をフラッシュバックという。本人も気づかないほどの何気ないきっかけで始まることが多いので，周囲には突然キレたかのように感じられるであろうし，本人自身も自分でコントロールができない。このため，外傷体験に関連するような状況や場面，人物を避けるようになる。また，覚醒が亢進して緊張状態が続き，過敏で警戒心が強くなり，眠りにくくなったり集中力がなくなったり，イライラして急に怒り出したりしやすくなる。逆に，感情がマヒしたような状態になり，周囲の出来事への感覚的，情緒的な反応が極端に鈍ることもある。これは，外傷に関連した刺激を避けるのと同じで，自分の感覚を遮断してマヒ状態にすることでフラッシュバックを避けるためと考えられている（岡野，1995）。そのほか，頻脈，発汗や頭痛，腹痛などのさまざまな身体症状を訴えることもある。

　解離性障害も心的外傷が主な原因となって生じると考えられている。解離とは，意識，感情，記憶，知覚といった，通常は一貫性をもって体験されているものが統合性や連続性を失い，まとまりがなくなった状態を意味する。あるはずの記憶や体験が部分的に思い出せなかったり，感じられなかったりするので

ある。誰でも，車でいつもよく通る道を走りながら助手席の友達との話に熱中しているときには，自分が車を運転しているという自覚がなかったり，どこの信号で止まったかも憶えていなかったりすることがある。何かに夢中になって我を忘れることは誰にでもあることだが，外傷的な出来事に遭遇した場合には，精神の破綻をきたさないようにするために，解離によって自分の身を守るのだと考えられている。こうした解離現象のために日常生活や社会適応に支障をきたすような疾患を解離性障害という。

たとえば，ふつうならけっして忘れるはずがないような自分の行動を思い出せなかったり（解離性健忘），突然家出をして離れた地域を放浪し，あとでそれを思い出せなかったりする（解離性とん走）。以前は多重人格とよばれていた解離性同一性障害もそのひとつである。これは幼児期に繰り返し受けた虐待の影響で，解離されて抜け落ちた部分が別の人格を形成したものと考えられている。PTSDの症状にも多くの場合この解離現象が関連していると考えられている。

解離性障害によって生じるキレの現象としては，PTSDと同じく外傷体験の記憶が突然によみがえってくるフラッシュバックがあげられる。これは児童期でも起こりうる現象である。一方，解離性同一性障害は青年期以降に発症するが，突然まったく性格の違う別の人格に入れ替わって周囲を驚かせる。ふだんは内気で引っ込み思案なのに，人格が交代すると口調も変わって短気で攻撃的になったり，あたかも幼児のようになってひどく泣き出したりすることもある。

4──児童期の精神障害とキレ

精神障害には児童期特有のものや，児童期以降に明確な問題として出現するものがある。そのなかで，キレにかかわる可能性のある障害について述べる。

行動面での障害としては注意欠陥・多動性障害（Attention-Deficit Hyperactivity Disorder：ADHD）があげられる。ほかの子どもと比べて落ち着きがなく注意散漫で，衝動的になりやすいのが特徴である。原因はまだ明らかではないが，何らかの器質的障害が背景にあるという考え方が有力である。ただ，その症状のために集団不適応に陥ったり周囲から注意や叱責を受けることが多くなり，自尊心の低下や無気力，反社会的行動などの二次的な問題を引き起こすこともある。理由はまだ明確ではないが，ADHDは他の精神障害を

併発することが非常に多いことが明らかにされている（上林，1999）。

　特に，ADHDとの併発率が高いのが行為障害である。これは，他者の権利を侵害するような行動様式，つまり社会規範や規則の侵害が反復・持続するような行動様式を示す障害で，攻撃的，反社会的なのが特徴である。たとえば，小動物への虐待や友人への暴行，放火や器物破損，虚言や窃盗，家出や無断欠席などの逸脱行動がそれである。この問題が成人期まで継続する場合，反社会性パーソナリティ障害などにつながることもある。

　また，睡眠障害のひとつに夜驚があるが，これは，睡眠中に突然叫び声をあげて起き出し，強い恐怖や不安を示したあと，数分くらいでまた眠りにつき，翌朝本人にはその記憶がないという症状である。その原因としては，何らかの強い心理的ストレスや疲労，発熱などの身体疾患などが考えられる。

　それ以外に，精神遅滞や自閉症（自閉性障害）などの発達障害においても，状況を適切に把握できずにパニックに陥った場合や，感情，衝動のコントロールが難しい場合，キレが出現しやすい。

5 ── その他の精神障害とキレ

　キレにかかわるその他の精神病理的な問題として，薬物の濫用があげられる。特に，シンナーや接着剤などの有機溶剤は入手しやすいために青少年にも濫用されやすい。吸入するとアルコールに似た酩酊状態になり，幸せなよい気分になったり，抑制がとれて易刺激的，攻撃的になり，暴力や性犯罪の誘因になることもある。また，外界がさまざまに変化して見えたり，色彩の模様が見えたりする知覚異常も出現する。一方，近年は若年層への覚醒剤濫用の拡大も問題となっている。覚醒剤は，脳を興奮させて快感が得られるが，不安や猜疑心も強くなって怒りやすくなり，後には必ずその反動として疲労感，抑うつ感が出現する。これらの薬物はやみつきになりやすく（薬物依存），やがては統合失調症と似たような幻覚，妄想を呈するなどの慢性的な障害を残す場合もある。

　そのほか，腎疾患や肝疾患，感染症，内分泌疾患などの身体疾患によって引き起こされる精神障害を症状精神病といい，脳炎，脳腫瘍などによる脳の障害を器質精神病という。これらはさまざまな意識障害を引き起こし，錯乱や幻覚，異常行動をともなうこともある。

Column ⑤
アメリカの青少年のキレ

　1999年4月, アメリカのコロラド州の高校で起きた生徒2人における銃乱射事件はまだ記憶に新しいだろう。この事件で生徒12人, 教師1人が命を落とし, その他22人が重軽傷を負った。アメリカでは, 近年, 青少年の銃による学校での殺害事件が多発している。1997年にミシシッピー州とケンタッキー州で, 1998年には, アーカンソー州, ペンシルバニア州, オレゴン州で, そして1999年には, コロラド州とジョージア州で起きている。コロラド州での事件を機に, アメリカのメディアはこれらの事件を大きく取り上げ, 銃入手の容易さ, 暴力・攻撃性の高いテレビ番組, 映画, ビデオゲームの蔓延, そして, 思いやりに欠ける親の養育態度を, これらの事件の原因として指摘した。この事件のうち少なくとも3件は, いじめに対する復讐が目的であると報道されている (Cloud, 1999)。それぞれの事件によって詳細は異なるが, コーネル大学のガルバリーノ (Garbarino, 1999) は, ①価値観の危機, ②病んだ社会環境, ③家庭の不安定を, このような事件を引き起こす近年の青少年に共通してみられる点としてあげている。①は, 「生まれ, 生きて, 死ぬ」といった単純な信条しかもたない子どもたちが, 尊敬の念, 責任感, いたわり, 誠実さなどといった社会的倫理観や人生観を身につけることなく, 表面的な物質的価値観をもつことにのみ執着してしまうという状態を意味している。②は, 近年, 暴力・攻撃的シーンの多い傾向のある映画, テレビ番組, ビデオゲームなど影響力の強い一部社会現象を通して青少年らが心理的に蝕まれている環境を示唆している。③でガルバリーノは, 近年, 親子間のコミュニケーションが減少していることを指摘している。また親子間のきずなである愛着 (attachment) の薄れや愛情のない養育態度も忘れてはならない。これらの家庭要因は, 子どもたちが価値判断や倫理観などを築き上げるうえで重要な役割を果たしているという。

　以上のような要因に, 銃が身近に入手できるといったアメリカの社会状況が拍車をかけ, 銃乱射という惨事を引き起こすのかもしれない。アメリカでは, これらのような悲惨な事件を減らそうと, 親, 学校, コミュニティが力を合わせて努力するところが増えている。

Column ⑥ 動物はキレるか？

　動物にキレというものはあるのだろうか。動物の攻撃性といえば、だれしも動物行動学の成果（たとえばLorenz, 1963）を思い浮かべるであろう。しかしそれらの研究が対象としている攻撃行動は、自然生息環境における個体の適応戦略としてみればそれぞれに合理的な行動であって、ヒト世界のキレにはほど遠いように思われる。では実験室という「不自然な」環境ではどうだろうか。

　こういう実験がある。狭い空間に2匹のラットを閉じこめる。突然そこへ床の金属格子を通して電気ショックを与えたとしよう。ラットはどのような行動をとるだろうか。ラットはいきなり立ち上がって取っ組み合いの「ケンカ」を始めるのである（Ulrich & Azrin, 1962）。これは痛覚誘発性攻撃行動とよばれている。

　次の実験はもっとキレに近いかもしれない。壁の小窓をつつけば餌が出てくるように作られた実験箱に、空腹のハトを入れて小窓つつきを訓練する。ここまではよくある学習実験である。ところがそこに、身動きができないように拘束したハトを「同居」させてみる。空腹バトは、餌がもらえる間はせっせと小窓をつついているのだが、いくらつついても餌が出てこない条件に変えると、とたんに同居バトに襲いかかって頸や頭、特に目の付近をねらって強烈なつつき攻撃を加えるのである（Azrin et al., 1966）。攻撃は、餌がまったくもらえない状況だけで生じるのではない。窓をつつけば時々は餌をもらえるという状況（間欠強化スケジュールという操作）でも生じる。特に餌をもらった直後、つまり、しばらくは次の餌が来ないというときに頻発する。

　このような行動は消去誘発性攻撃行動とかスケジュール誘発性攻撃行動とよばれ、ラットやサルでも生じることがわかっている（ついでながらヒトでも類似の事実が報告されている）。空腹の程度、強化スケジュールの種類、餌報酬の量など、さまざまな変数に関して研究が行われており、キレという現象の理解にとって重要な示唆を含んでいるように思われる。なお、いささか残酷な実験でもあるので、初期の研究を除けば、攻撃対象としては剥製、他個体の写真、自身の鏡映像などの代替物が使用されていることを付け加えておく。

Column ⑦
人間の自己破壊行動

　自らの身体を傷つけ、さらには自ら命を絶つといった自己破壊行動を人間がとるのは、割合としては少ないが事実である。自己破壊行動の究極である自殺に焦点を当て、自己破壊行動の生じる心理的原因について考えてみたい。

　精神分析学の始祖であるフロイト（Freud, S.）は、自殺の原因は死の本能と名づけられる攻撃衝動だと考えた。死の本能とは生物が生命以前の無の状態あるいは死の状態に戻ろうとする衝動であり、自己に向けられた攻撃衝動である。つまりフロイトは自己破壊行動を自己への攻撃本能によって説明しようとしたわけである。しかし死の本能論は、死の本能という中心概念の存在を証明することは不可能であり、非科学的であると判断せざるを得ない（大渕, 2000）。

　自殺の原因としては精神疾患、性格特性、成育環境などがあげられるが、児童期から青年期にかけての自殺率の上昇には自意識の高まりが関連すると考えられる。カーバーとシャイアー（Carver & Scheier, 1981）の制御理論によると、自意識が高まると理想と現実とが比較され、理想と現実との差が認められる場合には行動の自己制御過程が始動する。理想には自分自身が掲げる目標だけでなく、親など周囲の人々の期待も含まれる。青年期には理想と現実との差が大きくなることが知られている。たしかにその差を埋めようとすることこそ成長の原動力といえるが、問題になるのは理想が非現実的なほど高い場合、あるいは現実が少なくとも本人にとってはあまりにも過酷な場合である。バウマイスター（Baumeister, 1990）が提唱する逃避理論では、理想と現実との著しい隔たりが自殺へと至る第1段階とされる。そして理想に及ばないことの原因を自分自身に求めた場合、自尊心は著しく低下し抑うつ的な気分に囚われる。自己を否定的にしかとらえられず気分も著しく落ち込むと、その状態から一刻も早く逃げ出したくなる。そのような困難な状態に陥り、かつ現状を新たな枠組みから肯定的に解釈し直せないと、人は現在のつらい状況や自分自身について何も考えないという、いわば認知的なマヒ状態になることで精神的苦痛からの逃避を企てる。認知的マヒ状態においては、通常は機能している自殺に対するさまざまな抑制要因も効かなくなり、逃避としての自殺行動が選択されやすくなる。自殺の逃避理論では以上のような自殺へと至る過程を想定する。逃避理論ですべての自己破壊行動を説明することはもちろん不可能だが、自己破壊行動の多くは自己に対する攻撃衝動の表れではなく、否定的意味を付与された自己からの逃避欲求の表れであることを逃避理論は明らかにしている。

Column ⑧ 自己愛とキレ

　青少年が「キレる」ときに、破壊的な攻撃性が生じることがある。最近世間を騒がせた少年事件においては、破壊的行為をするとは思えなかった少年が残忍な殺人を犯した例が目につく。そういう行為をした当人があとから「何であんなことをしたのか」と不思議がる場合さえあるようである。授業に遅れてきた中学生に対して女性教師が注意したところ、その生徒が刃物で教師を殺傷した事件があった。その生徒は、もともと教師を殺すつもりはなく、刃物で脅せば自分から離れてくれるだろうと思ったのに教師がひるまずに迫ってきたので刺してしまったという。このような場合、私たちはともすれば暴力ばかりに目が向き、その生徒が自己の存在を脅かされ、非常に追いつめられた心境にいたのではないかということを見過ごしがちである。その教師は教師としての使命感と熱意から向かっていったのであろうが、生徒は、そのためにかえって弱く屈辱的な立場におかれ、恥を体験し、なすすべのない無力感を味わっていたかもしれない。このように、周囲にはささいに見える屈辱や傷つきが、当の本人には自己の価値や安定を脅かすほど大きなものであることがある。

　人間は、自己を価値あるものと感じ、自己に肯定感を抱きたいと願っており、それを可能にしてくれる周囲からの応答を求めている。これらの欲求を広い意味での「自己愛」と定義しておこう。周囲の応答や自分自身の能力・努力に助けられて自分が価値ある存在だという確信を強化してきた人は、少々のことでは自己評価や心理的安定が崩壊することはないであろう。しかし、そうした体験に恵まれなかった人たちのなかには、小さな屈辱や傷つきによって自己評価や心理的安定が崩れてしまいやすい人たちがいる。このような傾向を「自己愛的脆弱性」と呼ぶことにする。上記のような事件を起こす人が自己愛的脆弱性を抱えていることは少なくない。そうした脆弱性を抱えた人が何らかの傷つきを体験し、耐えがたい無価値感や無力感にとらわれたとき、それへの反応として激しい怒りと攻撃が生じることがある。そして、このようなときに生じる怒りは非常に破壊的なものになる可能性がある。精神分析家のコフート（Kohut, H.）はこれを「自己愛的憤怒」とよんだ。破壊的攻撃性自体を肯定することはできないが、私たちは、破壊的攻撃性が自己愛的な脆弱性や自己愛の傷つきと関連していることを理解し、そうした脆弱性を抱えた人を逃げ場がないほど追いつめてしまうことの危険性を認識しておく必要があるだろう。

第2章
「キレ」のメカニズムと発達臨床心理学的な意味

第1節 「キレ」のメカニズム

1 「キレる子現象」

■1——現代の社会病理

　青少年の「キレ」という現象が，社会問題に発展したひとつの契機となったのは，1998年に栃木県黒磯市で起こった，男子中学生による教師刺殺事件だといわれている。その後，中高生による殺傷事件が相次ぎ，東京都は，この問題に対処すべく，「最近の思春期児童の行動に関する専門家会議」を招集して，報告書を作成した。その中で，この現象は「キレる子現象」と命名され，社会病理現象としての見方が示されることとなった。

　ほぼ同時期に，警察庁は，どこにでもいる「ふつう」の少年が，突然凶悪な犯罪へと一足飛びに進んでしまうものを，「いきなり型非行」と命名した。清永（1999）は，昨今の少年事件を概観し，その特徴を次の5点に整理している。

　①加害少年が「ふつう」と形容される少年であること
　②非行化原因の特定が困難であること
　③行動が突発的で前兆的行動の認めにくいこと
　④事件の結果がしばしば決定的で回復不可能であること
　⑤被害対象が不特定で，時として少年たちの権威対象でさえも被害化すること

そして，このタイプの非行は，最短で2002年，最長で2011年ごろ発生のピークがやってくると予測した。

現実的には，青少年の起こす非行行動の7割以上は，万引きやバイク窃盗などの，単純な動機から軽微な犯罪を行う「初発型非行」である。しかし，初発であっても重大な事件に結びつく「いきなり型非行」の出現が，「初発型非行」の範疇には収まらない非行の存在を明確に示しており，現代社会の中で，少年たちの心が大きく変貌しつつあることを示唆するものといえるだろう。

　少年たちは，一度キレると，目つきが変わり，ふだんのようすからは想像できないような粗暴性や衝動性を見せる。この豹変ぶりのみならず，落ち着いた後に，その出来事や自分の行動をはっきり思い出せない少年もいて，意識水準の変容や人格の解離現象との関連性が議論されるようになってきた（斎藤，1998；妹尾，2000；大河原，2002）。また村松（2001）は，少年たちの多くが，自分を被害的に認知しており，怒りを静めてくれる対象をもっておらず，孤立無援の状態であることを指摘し，非行文化にもなじめず，異性に依存するほどの社会性もない彼らは，強い閉塞状況の中で，自暴自棄や自己破壊的な気持ちを増幅させていると指摘した。

2 ── 攻撃性と自我の統制力

　キレる少年たちは，自分の内部にある激しい攻撃性や破壊衝動をいかにコントロールするかという問題を抱えている。本来，攻撃性は，すべての人の心の中にあり，適応的な方法で発揮されれば，さまざまな創造性や活動性，積極性へと結びついていくものである。この情動を，キレるというかたちでしか表出できないところに，少年たちの抱えるさまざまな問題が潜んでいる。また，キレることそのものが，彼らの存在確認の手段のひとつとなっているという側面もある。しかし，現時点では，そういった少年たちを理解する理論的枠組みも方法も確立されておらず，彼らとかかわる親や学校，地域社会，専門家など，すべての人々がその対応に苦慮し，見通しをもてないでいるのが現実である。

　青少年の「キレ」の問題は，現代の子どもたちの心の問題を象徴的に示している。またこの問題は，個人をとりまく多くの要因が複雑に関連しあって起こってくるものであり，特定の原因を定めることはきわめて難しいと言わざるをえない。ここでは，そのことを念頭に置きつつ，攻撃性の発現と自我の統制力との関連性について，従来の研究成果を，生理学的観点，認知・情報処理の観

点，家族関係・親子関係の観点の3つに大別し，いくつかの理論的枠組みを提示する。どれか特定の理論によって，この現象のすべてが解明できるわけではなく，これらを総合して，多面的に少年たちを見る視点こそが，この現象を理解するうえで，何よりも重要であろう。

2　キレる心のメカニズム

1──生理学的観点

　キレると，少年たちは際限なく激しい暴力をふるい，時には対象を死に至らしめることもある。American Psychiatric Association（1994）が作成したDSM-Ⅳによると，青少年の反社会的な問題行動は行為障害（Conduct Disorder：CD。以下，CDと略記する）と分類され，注意欠陥・多動性障害（Attention-Deficit/Hyperactivity Disorder：ADHD。以下，ADHDと略記する）や反抗挑戦性障害（Oppositional Defiant Disorder：ODD。以下，ODDと略記する）とともに，「注意欠陥および破壊的行動障害」のカテゴリーに入れられている。

　CDとADHDとの関連性は，近年指摘されることが多くなったトピックスである。CDは，「他人の基本的人権，または社会的規範を侵害することが反復し，持続する行動様式」と定義され，そのリスクファクターとして，遺伝的要因，性別，気質，多動，認知機能の問題，不適切な攻撃性など，さまざまな要因が想定される（表2-1）。またCDは，てんかんや脳波異常との合併や，事故などによる中枢神経系の機能障害にみられることもあり，大脳辺縁系と旧皮質系に関係する何らかの問題が存在する可能性も示唆されている（松田，2001）。それに対して，顕著な問題行動を示すが，他者の基本的人権を侵害することのないものが，ODDと診断される（表2-2）。ADHDは，不注意と多動性，衝動性を特徴とする症候群である（表2-3）。そのうちのかなりのものに発達性の読字障害や算数障害といった学習上の問題が起こるといわれている。

　斎藤と原田（1999）や原田（2002）は，さまざまな研究成果や自分が担当した事例をもとに，「DBDマーチ」という概念を提示している。これは，加齢にともなう一連の破壊的行動障害（Disruptive Behavior Disorder：DBD）

表2-1　DSM-Ⅳによる行為障害の診断基準

A．他者の基本的人権または年齢相応の主要な社会的規範または規則を侵害することが反復し持続する行動様式で，以下の基準の3つ（またはそれ以上）が過去12か月の間に存在し，基準の少なくとも1つは過去6か月の間に存在したことによって明らかとなる。

人や動物に対する攻撃性
　（1）しばしば他人をいじめ，脅迫し，威嚇する。
　（2）しばしば取っ組み合いのケンカを始める。
　（3）他人に重大な身体的危害を与えるような武器を使用したことがある（たとえばバット，煉瓦，割れた瓶，小刀，銃）。
　（4）人に対して身体的に残酷であったことがある。
　（5）動物に対して身体的に残酷であったことがある。
　（6）被害者に面と向かって行う盗みをしたことがある。（たとえば背後から襲う強盗，ひったくり，強奪，武器を使っての強盗）。
　（7）性行為を強いたことがある。

所有物の破壊
　（8）重大な損害を与えるために故意に放火したことがある。
　（9）故意に他人の所有物を破壊したことがある（放火による以外で）。

嘘をつくことや窃盗
　（10）他人の住居，建造物または車に侵入したことがある。
　（11）物や好意を得たり，または義務を逃れるためにしばしば嘘をつく（すなわち，他人を"だます"）。
　（12）被害者と面と向かうことがなく，多少価値のあるものを盗んだことがある（たとえば万引き，ただし破壊や侵入のないもの，偽造）。

重大な規則違反
　（13）13歳未満で始まり，親の禁止にもかかわらず，しばしば夜遅く外出する。
　（14）親または親代わりの人の家に住み，一晩中，家を空けたことが少なくとも2回あった（または長期にわたって家に帰らないことが1回）。
　（15）13歳未満から始まり，しばしば学校を怠ける。
（B・Cは省略）

表2-2　DSM-Ⅳによる反抗挑戦性障害の診断基準

A．少なくとも6か月持続する拒絶的，反抗的，挑戦的な行動様式で，以下のうち4つ以上が存在する。
　（1）しばしばかんしゃくを起こす。
　（2）しばしば大人と口論になる。
　（3）しばしば大人の要求，または規則に従うことを積極的に反抗または拒否する。
　（4）しばしば故意に他人をいらだたせる。
　（5）しばしば自分の失敗，無作法なふるまいを他人のせいにする。
　（6）しばしば神経過敏，または他人からイライラさせられやすい。
　（7）しばしば怒り，腹を立てる。
　（8）しばしば意地悪で執念深い。
　　　注：その問題行動が，その対象年齢および発達水準の人に通常認められるよりも頻繁に起こる場合のみ，基準が満たされたとみなすこと。
（B・C・Dは省略）

表2-3 DSM-Ⅳによる注意欠陥・多動性障害の診断基準

A．(1) か (2) のどちらか
 (1) 以下の不注意の症状のうち6つ（またはそれ以上）が少なくとも6か月以上続いたことがあり，その程度は不適応的で，発達の水準に相応しないもの：
  不注意
   (a) 学業，仕事，またはその他の活動において，しばしば綿密に注意することができない，または不注意な過ちを犯す。
   (b) 課題または遊びの活動で注意を持続することがしばしば困難である。
   (c) 直接話しかけられた時にしばしば聞いていないように見える。
   (d) しばしば指示に従えず，学業，用事，または職場での義務をやり遂げることができない（反抗的な行動または指示を理解できないためではなく）。
   (e) 課題や活動を順序立てることがしばしば困難である。
   (f) （学業や宿題のような）精神的努力の持続を要する課題に従事することをしばしば避ける，嫌う，またはいやいや行う。
   (g) （たとえばおもちゃ，学校の宿題，鉛筆，本，道具など）課題や活動に必要なものをしばしばなくす。
   (h) しばしば外からの刺激によって容易に注意をそらされる。
   (i) しばしば毎日の活動を忘れてしまう。
 (2) 以下の多動性―衝動性のうち6つ（またはそれ以上）が少なくとも6か月以上持続したことがあり，その程度は不適応的で，発達水準に相応しない：
  多動性
   (a) しばしば手足をそわそわと動かし，または椅子の上でもじもじする。
   (b) しばしば教室や，その他，座っていることを要求される状況で席を離れる。
   (c) しばしば，不適応な状況で，よけいに走り回ったり高いところへ登ったりする（青年または成人では落ち着かない感じの自覚のみに限られるかもしれない）。
   (d) しばしば静かに遊んだり余暇活動につくことができない。
   (e) しばしば"じっとしていない"またはまるで"エンジンで動かされるように"行動する。
   (f) しばしばしゃべりすぎる。
  衝動性
   (g) しばしば質問が終わる前に出し抜けに答えてしまう。
   (h) しばしば順番を待つことが困難である。
   (i) しばしば他人を妨害し，邪魔する（たとえば，会話やゲームに干渉する）。
(B・C・D・Eは省略)

　の変遷のことで，子どもが，成長していく時間的流れのなかで，最初にADHDと診断され，強い攻撃性を示す約4割が，学童期にはODDの診断基準を満たし，その約3割は思春期に入る前後からCDを呈し，さらにその一部は成人以降，社会的に予後不良な経過をたどるとされる。

　この経過は，発端はADHDである子どもたちが，周囲から理解されず，適切な自己のあり方を供給されなかったことに由来すると考えられる。「DBDマ

ーチ」を理解するうえでも，重要な視点のひとつとなるのは，家庭や学校など，子どもたちが生活する環境からの影響の問題である。中根（1997）が，CDとADHDが併発する背景には，学業面での遅れと衝動性・攻撃性があると説明しているように，最初は，落ち着きのなさや学業不振などが存在するだけであるが，これがもとになって，両親や教師，友達を含めた周囲からの叱責や非難を浴びた結果，その時期に必要な，適切で良好な対人関係の構築が難しくなると考えられる。また，その状態が修正されず長期間続くことによって，自己イメージや自己効力感の低下，強い劣等感，無力感などが形成され，子どもが，このような状況に自分を陥れた周囲に対して，強い怒りと敵意を向けるようになり，反社会的な行動が表面化することは十分考えられる。そして，思春期に入って，次の新たな発達課題にうまく対処できないため，短絡的にものごとを解決しようとしたり，自傷行為を繰り返したり，いじめや非行など，さまざまな問題行動を複合的に呈することが推測されるのである。

　グラッドとタイチャー（Glod & Teicher, 1996）は，前思春期の子どもの活動レベルと虐待の既往歴との関係を検討し，ひどい虐待を受けた子どもは，一見ADHDによく似た行動を示すが，それは，心的外傷後の過剰覚醒，不安の亢進，外傷を想起させるものへの反応から生じており，本来的なADHDとは異なっているとしている。同様のことを，開原（2002）も指摘していて，CDとの関係でADHDを疑われて一時保護所などに入る子どもも，いじめや嫌がらせを受ける生活の中で我慢しきれなくなってキレた経過や，家族の問題，想像を絶するような生育歴上の体験を語ることがあり，そのような場合は，ADHDは否定されることが多いとしている。

　昨今，少年事件が起きると，行為傷害（CD）という言葉がマスコミをにぎわせ，また，学級崩壊の元凶として，ADHDに代表される多動性障害が疑われることもある。正しい理解と診断は，その子どもと周囲を救うこととなるが，これら脳の機能障害に原因のすべてを求め，根本にある問題を見失うことのないよう，十分に留意したいものである。

2 ── 認知・情報処理の観点
(a) 欲求不満－攻撃仮説と認知的新連合理論

　ダラードら（Dollard et al., 1939）は，人間の攻撃行動のメカニズムについて検討し，「欲求不満－攻撃仮説（Frustration-Aggression Hypothesis）」を提唱した。明田（1980）によれば，この理論は，「欲求不満は，それを引き起こした他者に対する攻撃動因を高め，常に何らかの形での攻撃を引き起こす」，「攻撃の生起には，常に欲求不満の存在がある」という，2つの命題を中心に展開されている。つまり，欲求不満を引き起こした他者への攻撃が，欲求不満の低減をもたらすと，それが同時に相手の苦痛のサインと連合し，このサインが二次的強化の役割を果たして，他者を傷つける行動が獲得されるというのである。攻撃動因の強さは，欲求不満の程度や阻害された目標の重要度などによって影響され，攻撃の対象には，直接関係のない他者や自分自身も含まれる。特に，欲求不満の原因が漠然としていたり，攻撃が禁止されているような時には，対象の置き換えが行われやすいという。

　その後，ダラードとミラー（Dollard & Miller, 1950）は，両親からの過剰な罰は，子どもに，怒りを示すことと連動して罰せられるかもしれない不安と恐れを生起させる反応パターンをつくるため，結果として，適度に怒りを表出できないパーソナリティを形成すると指摘した。

　ただ，この仮説に対して，攻撃は，必ずしも欲求不満の結果であるとは限らないし，人は常に欲求不満に陥った時に攻撃行動に出るわけではないという批判がある。そこで，どのような時に欲求不満が攻撃を引き起こすのかを検討することが必要になってくるが，それに取り組んだのがバーコヴィッツ（Berkowitz, L.）である。

　バーコヴィッツ（Berkowitz, 1962, 1989）は，攻撃性を怒りと同義であるとし，認知的新連合理論（Cognitive-Neoassociationistic Model）を提唱した。彼は，欲求不満そのものは，怒りを表出するためのレディネス（準備状態）を形成すると説明する。レディネスの形成には，他者からの攻撃や，すでに獲得されている攻撃習慣などの要因も強く影響するが，実際の攻撃行動が起こるためには，それのみでは不十分である。人は，いやな出来事に遭遇すると不快感をもつ。すると，自動的に，それと似たような過去の出来事に関するさまざま

な感情や記憶，自分の過去の対処法とその結果などが想起される。バーコヴィッツによると，恐れは回避行動につながるが，怒りは個人の攻撃傾向を強め，過去の怒りに関連する感情や記憶を呼び起こしやすく，身体的興奮をもたらすという。さらに次の段階へ進むと，人は不快感の原因を解消しようとしたり，自分の怒りをコントロールしようと試み始めたりするが，ここで怒りがどのような方法で処理され，表出されるかは，個人のもつ情動反応の傾向や，これまで親から受けてきた養育の質などが関係してくる。つまり，幼児期早期の親の養育態度が，子どもの不快感や否定的感情の源泉となり，後々の攻撃性発現の契機を作り上げるというのである。

この理論に基づくならば，キレる青少年たちは，過去に学校への不適応感や対人関係構築の失敗などさまざまなことを経験し，社会の中で閉塞感を抱えて生きている可能性が高いことになる。慢性的な欲求不満状態にあることは容易に推測でき，怒りのレディネスは形成されているといってよいだろう。攻撃の対象が定まらないのは，思春期特有の精神発達上の課題を含む，原因の定かではない欲求不満やイライラを抱えているためと考えられる。そこに，「教師に叱られた」，「友達とケンカをした」などの不快感を刺激するような出来事が起きると，少年たちの攻撃動因は高まり，日頃抱えているさまざまな感情や過去の記憶などが目まぐるしく想起される。表面的に「よい子」で，それ以前に自分の中の怒りを表出する機会もなく押し込めていればいるほど，おそらく彼らは，この状態に対処しきれなくなり，一過性の混乱状態に陥るのだろう。そのうえに，何らかの顕在的・潜在的な養育上の問題や，ものごとを被害的に認知しやすい傾向などがあったときはなおさら，青少年は自分の中に渦巻く感情をもてあまし，対象に対して直接的な激しい攻撃，つまりキレる状態へと陥らざるをえなくなっているといえよう。

ただ，この理論では，怒りがさまざまな感情や記憶の想起を促す状態から，実際の攻撃行動に結びつくまでの過程について言及されていないし，レディネスが形成される以前の個々の問題についてはあまりふれられていない。また，個人の刺激に対する反応傾向がどのように攻撃行動に影響を及ぼすのかについても，十分説明されていないように思われる。

(b) 社会的情報処理理論

社会におけるさまざまな刺激を，個人がどのように解釈するかが，攻撃行動に強く影響するとして，ダッジ (Dodge, 1986, 1991) は社会的情報処理理論 (Social Information Processing Mechanisms) を提唱している。

彼によると，人は，ある刺激が与えられると，個人特有の思考パターンや，もともともっている偏見や先入観などのさまざまな認知機能を通して，それを整理するためのコード化を行うという。そのうえで，それぞれが内在化させた方法を用いて，一定の対処行動を起こしたり，恐れや怒りなどの感情体験をしたりする。そして，さまざまな場面で，刺激のコード化とそれに対する反応を繰り返すなかで，あるものは，ひとつの認知─行動上の法則として取り入れられ，その後の行動選択の際に活用されやすくなるという。つまり，他者の行為に対して敵意や怒りを向けやすい特性をもつ者は，その特性ゆえに，相手の攻撃的な反応を自ら引き出すことになり，周囲からの拒絶や叱責を受ける。これが繰り返されると，その人は，周囲を敵意に満ちた環境であると判断するようになるのである。またダッジ (Dodge, 1991) は，他者からの攻撃に対する反応としての身体的攻撃に比べ，先に手を出すような積極的な身体的攻撃をしやすい子どものほうが，その後の不適応につながりやすいことを指摘している。これは，積極的攻撃をする子どものほうが，より刺激に対して主観的な認知をする傾向が強いと判断できるためであろう。

この理論によると，キレる青少年たちの一部は，養育上の問題や気質など，何らかの理由によって，相手からの敵意の意図を過剰に認知する傾向が強いと理解できる。そして，過敏に認知された相手の敵意に対抗すべく，自分もさまざまな試みを繰り返す。敵意に対して敵意で応じれば，主観的な意味づけをされた対象（自分を無視した，睨んだなど）への明確な攻撃行動（ケンカや恐喝，いじめなど）として表出されることになるが，このタイプの子どもは，さまざまな場面でトラブルを起こしやすいので，かなり早期から集団不適応などの問題を起こすと考えられる。

一方，無力感が増大していたり，「問題を起こさないようにしなければならない」などの意識的・無意識的な抑止がかかった場合，子どもは相手への敵意や自分の感情表出を抑え込むこととなる。この状態は，本人にとって非常に辛

いが，一方で感情を外に出さず内に秘める反応パターンが強固に作り上げられ，選択されやすくもなるため，周囲の大人や本人にさえ，表面的にはなんの問題もないように思われがちである。しかし，心の中では，敵意や怒り，不満が渦巻いている状態で，もともとの認知把握の歪みがさらに増幅されていく。そして，最終的には，風船が破裂するように，キレざるをえなくなってしまうと考えられる。

この理論は，人が社会の中でどのようにして攻撃性を増大させていくかについて説明したものである。個人がある一定の歪んだ枠組みで刺激を解釈するようになる認知構造の成立過程や，その原因については十分言及されておらず，その点では課題も残されている。

(c) 社会的学習理論

バンデューラ（Bandura, 1973）の社会的学習理論（Social Learning Theory）における，観察学習とモデリングの理論は，人の攻撃行動について多くの示唆を与えてくれる。

彼は，あるモデルが目の前にいて，観察者が，そのモデルを通して，攻撃的ふるまいは何らかの価値ある結果をうむということを学習すれば，その人はモデルの行動を採用し，同じようにふるまうだろうと説明する。つまり，人は，自分の存在確認や自己表現などのために，自由意志によって反社会的な行動を意図的に選択しており，自己の中にある悪の解放を抑える統制力の不足が，問題行動の発生のもとになっているというのである。また，個人の中に統制力を育成するためには，自己効力感や自己達成感を育てる工夫が必要だとされている。自己効力感（self efficacy）とは，バンデューラが社会的学習理論のなかで提唱した概念であり，「自分がある課題を効果的に成し遂げることができる自信」を意味している（祐宗ら，1985）。そして，個人の自己効力に関する判断（効力期待）と，自らの行動の成果を周囲がどのように受けとめ，認めてくれるかということに関する個人の期待的な判断（結果期待）とが相互に作用し合って，人間の行動や感情体験がさまざまに規定されていくと説明する（表2-4）。

そのうえでバンデューラは，人間が努力しなくなるのには，「自分がやらなければならないことを自分自身の力で成し遂げることができると確信できず，効力期待が得られないこと」，「自分に能力があっても，まわりがそれを認め

表2-4 効力期待と結果期待の相互作用（祐宗ら，1985より抜粋）

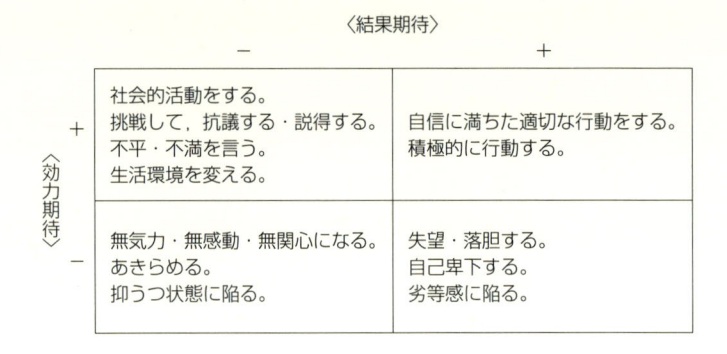

〈効力期待〉	〈結果期待〉 −	〈結果期待〉 ＋
＋	社会的活動をする。 挑戦して，抗議する・説得する。 不平・不満を言う。 生活環境を変える。	自信に満ちた適切な行動をする。 積極的に行動する。
−	無気力・無感動・無関心になる。 あきらめる。 抑うつ状態に陥る。	失望・落胆する。 自己卑下する。 劣等感に陥る。

てくれないため思わしい結果が期待できず，結果期待が得られないこと」という2つの要因が関連しているという。

キレる青少年たちの一部は，「特別な問題のないふつうの子ども」という評価を受けている。こういう子どもは，良きにつけ悪しきにつけめだつところがないために，周囲から何らかの評価を得る機会が少なく，何かを達成してほめられたり認められたり，反対に叱られたりという体験が少なくなりがちになる。ほめられる体験はいうまでもないが，叱られることも，子どもにとっては，それをきっかけにしてある課題を乗り越えていく喜びを体験する可能性を開くものであり，その後の対応しだいで，効力期待や結果期待へと結びつく。しかし，彼らは，他者とのかかわりのなかでの情緒体験が全般的に少ないために，効力期待や結果期待を抱く機会そのものが減少していく。そして，成功体験が得られにくく，自分がコントロールできる状況がほとんどないことを学習し続けるために，徐々に自己効力感が低くなる。こうした学習性無力感は生活全般に波及し，自分を認めてもらうための努力をしなくなったり，無気力な状態に陥ったりすると考えられる。いくつかの重大事件を起こした少年たちに共通しているといわれる，「自尊心が大きく傷ついて，存在感が希薄になり，生きているという実感が乏しくなっている」（桑原，1999）という特徴は，このメカニズムからも理解できるだろう。

また，無力感を抱える一方で，自分の存在を周囲にわかってほしいという願望は，依然強く残っている。このときに，他者を攻撃することで何らかの利益

を得ているようなモデルが近くにいたり，マスコミなどによって，キレること で周囲が自分に目を向けてくれるかもしれないということを学習したりする と，子どもたちはますますキレるという手段を選びやすくなるだろう。キレる ことによって，周囲とかかわろうとしているということもできるのである。

　この理論は，問題行動がどのようにして形成されるかを，個人の内的過程を 通して説明するのには適している。しかし，その他の環境や社会的な要因があ まり考慮されていない点は大きな課題として残されている。

3 ── 家族関係・親子関係の観点

(a) 精神分析理論

　キレる少年は，自我が未熟で自分を客観視できにくく，規範意識や罪の意識 (罪悪感)が希薄であるといわれる。井上(1983)は，被害者に対するすまな さと償いの感情とともに，自分を譴責（けんせき）する感情を覚醒・強化させることの重要 性を指摘している。

　フロイト (Freud, S.) は，1920年代に，イド (id)・自我 (ego)・超自我 (super-ego) の3領域によって構成される人格理論を提唱した。イドは，衝動 や欲求などの無意識的なものの代表とされ，自我は外界とイドを仲介する領域， 超自我は幼少期の両親のしつけなどが内在化されてできた領域とされている。 幼児は自我が未発達なので，より強くイドの動きに支配され，欲求のままに泣 いたり怒ったり要求したりするが，自我の発達にともなって，満足の遅延や衝 動統制といった自己統制が可能となり，さらに超自我が充実することで，自己 統制能力も促進される。

　桑原 (1999) は，キレる少年たちにバウムテストを実施し，紙からはみ出 してしまうようなものか，小さく縮こまってしまったようなものが多いことか ら，「日常的な抑圧と瞬間的な開放が彼らの特徴であり，暴力が日常生活と不 連続に起こりやすくなっている」と解釈している。これは，少年たちが，時と 場面に応じた方法で，適切に自己統制したり衝動性を表出したりできなくなっ ていることの現れといえるだろう。少年たちの中で，思春期に高まる攻撃衝動 を統制する自我機能が発現できない状態にあることを示しており，フロイトの いう心の3領域が，バランスよく機能しなくなっているようすが見てとれる。

フロイトは，自我の統制機能の中核を，超自我の重要な要素である健全な罪悪感に求めたのであるが，彼の後を受け，罪悪感の形成過程の理論化を試みたのは，クライン（Klein, M.）である。

　クライン（Klein, 1946）は，早期の母子二者関係における，子どもの内的体験を詳細に検討し，生後3か月頃の乳児は，それまで断片的だった経験を統合し，対象を，満足を与えてくれるもの（よい対象）と欲求不満に陥らせるもの（悪い対象）とに分裂させ，「よい対象」を理想化し，「悪い対象」から迫害される体験をするという。彼女はこの心の状態を妄想－分裂態勢（paranoid-schizoid position）とよび，この経験水準では，迫害的不安が支配的で，「よい対象」の不在は，ただちに「悪い対象」による迫害を意味すると説明する。そして，生後6か月を過ぎて，母親とのかかわりを連続したものとして理解するようになると，今まで「悪い対象」と思っていたものが同一の「よい対象」でもあることに気づき，子どもは自分が敵意と攻撃性を向けてきたことに，罪悪感や抑うつ感，悲哀，悔いなどを経験するようになる。この状態は，抑うつ態勢（depressive position）とよばれ，より高次の発達段階とされる。この段階の抑うつ不安が導く罪悪感が，抑うつ的罪悪感とよばれるものである。一般にキレる少年たちに希薄だとされる罪悪感は，この抑うつ的罪悪感のことだといえる。

　以上のような考え方から，クラインは，非行・犯罪行為についてもいくつかの指摘をしている。クライン（Klein, 1934）は，犯罪者に特有な行動の原因は，超自我の過度の厳格さにあるという。両親に対して攻撃的な衝動や空想を抱き，それらを両親に投影し，同時に取り入れのメカニズムによって内在化されて成立した超自我は，いつも子どもを脅かし，不安にさらすものとして体験される。そういった脅かしや不安が激しいほど，子どもはそこから逃れるために対象を破壊しようとするが，同時に，対象破壊は迫害感を引き起こすので，不安が増大するという悪循環を生むこととなる。犯罪行為は，超自我からの圧倒的な不安から逃れるために，現実場面の中で行動化されたものなのである。

　福本（1994）は，暴力的な犯罪者について精神分析的な考察を加え，クライン派のいう抑うつ態勢の成熟度が，犯罪行為の質と量を左右すると指摘する。そして，迫害的不安から犯罪行為に駆り立てられると，加害者は対象の破壊に

よって一時的な安堵を感じるが，その後の罪悪感の苦痛に耐える力が乏しいほど，抑うつ態勢は妄想 – 分裂態勢へと逆戻りして，犯罪は衝動性を増し，激しくなりやすいという。

　一方，クライン派に近いウィニコット（Winnicott, 1956, 1968）は，正常な子どもにも現れる反社会的傾向について論じている。彼は，「反社会的傾向は，母性の欠如ではなく母性が剥奪されたという問題だ」と述べ，「子どもは，両親からの愛情を剥奪されていると感じているから，反社会的な行動で抗議している」，「反社会的傾向には，望みがほのめかされている」という視点からの理解を提唱する。また，このような子どもたちの心には，いつも対象希求性と破壊性が併存していることを理解しておくことが重要であるとも述べている。

　以上の指摘に従うと，キレる青少年たちは，人生の非常に早期から，親子関係・家族関係の中で，何らかの顕在的・潜在的な剥奪や，かたよったかかわりにさらされた結果，自我が発達を阻害されてしまい，超自我が過剰に厳格なものとして体験されていたり，イドを統制できないほど強大なものと認識してしまったりしていると考えられる。そのため，ささいな叱責やいざこざからでさえ，大変な恐ろしさや見捨てられ不安，自分が迫害されているという被害的な気持ちなどを感じるし，一度怒りによって衝動を活性化させられてしまうと，その勢いがあまりにも強いため，収める術がなくなってしまう。つまり，不安というかたちの内的衝動を心に抱えておく力が弱いままに，身体だけが成長していくのである。そして，自我の発達が十分になされていないため，キレた時の自分の行動が，自分自身や周囲に与えた影響について考え，そのことを反芻し，内省的になって，抑うつ的罪悪感を体験することができず，表面上は，罪の意識の希薄さを示すことになるのではないか。抑うつ態勢には，抑うつ不安があり，抑うつ的罪悪感が生まれ，思いやりや償いの感情をもたらす。罪の意識の希薄さの根底には，抑うつ態勢にとどまることのできない，彼らの自我の脆弱さが潜むと考えられる。少年たちを理解するためには，彼らの抑うつ態勢の成熟度，つまり抑うつに耐えられる能力がどれだけ発達しているかを把握することが重要なポイントとなるであろう。

　また，子どもは家庭の中だけで生活しているわけではなく，成長するにつれ

て，学校や友達，メディアなど，さまざまな対象からさまざまな影響を受けるようになる。キレるという問題は，山中（2000）が指摘するように，一個人の要因だけではとらえきれない部分が多く存在する。子どもの内的発達の観点に加え，それをとりまく環境の要因も考慮に入れることが，現代社会特有の問題を理解するうえでの手がかりとなるものと考えられる。

(b) その他の家族成因モデル

清永（1999）は，キレる少年は，生育過程のなかで，「自己感覚」，「他者感覚」，「社会的規範軸」という，社会生活を円滑に行ううえで内在化しておかねばならない3つの感覚のすべてが形成不全であったり喪失したりしており，それゆえに心が空洞化し，衝動性に歯止めがきかず，自分の行動の結果を見通すことができなくなっていると説明している（図2-1）。

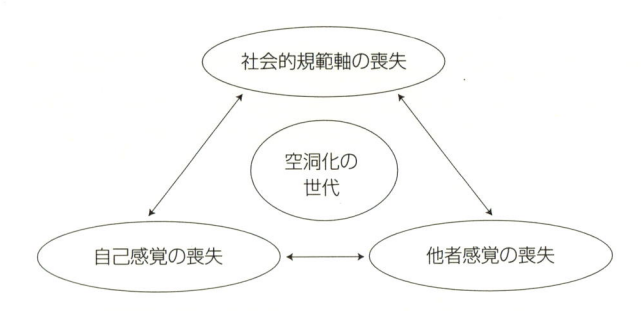

図2-1 空洞化の世代を生み出す3つの喪失（清水，1999より抜粋）

また，影山（2000）は，昨今の少年事件は，自己の存在感の確認や支配力，顕示欲などを満たすための犯罪が多くなってきているとし，自己にかかわる病理の時代に突入したと述べている。そうなる要因のひとつとして，ひとりっ子が多く，母子一体型の過保護と，過剰な期待により，幼児的な万能感を大人になるまでひきずっているため，挫折や幻滅を味わうことや，傷つけられることを極度に回避する傾向が強くなってきていることがあげられるという。そして，傷つかないように，細心の注意を払って生きている子どもたちにとって，級友の前で叱責されるなどの事態に遭遇することは，強い屈辱感と傷つきをもたらし，本人も周囲も予想していないような激しい怒りと攻撃性の爆発を誘発することとなるという。そのほかにも，家庭におけるしつけなど，家族の問題を指

摘する研究者は多い。

　他方，別の観点として，「激しい暴力を爆発させる少年は，必ずどこかで暴力にさらされている」（藤岡，2001）との指摘にもあるように，キレる少年の抱える心的外傷の問題も視野に入れておく必要があるだろう。実際に何らかの虐待を受けている場合はもちろんであるが，大河原（2002）は，親が子どもを大変かわいがっているときも，虐待と似たような状況が起こると指摘する。思春期になって，突然暴力的になる少年たちの一部は，親が自分たちにとって都合のよい子どもイメージを作り上げ，それを子どもが先回りしてとりこみ，親が受け入れてくれないと思われるような感情は抑え込んで，表面上あわせて生活するうち，親がその姿を子どもの本当の姿であると思い込む，といった親子関係を形成しているという。このような親の目には，理想の子どもの姿しか映らないので，それ以外の姿を見せられることは，親に大きな不安を呼び起こすこととなる。そのため，子どもは，自分の中の親が受け入れないような側面は無意識下へ追いやってしまうのである。それは，「自分自身になれない」という状態をつくりだし，思春期に，「自分がわからない」，「自分がない」という問題へと発展していく。

　夫婦間の不和や虐待など，明らかな問題は見当たらない家庭においても，親の理想的な子どもを求める子育ての下に潜んでいるいわば虐待的関係が，子どもの感情の発達に深刻な影響を与えている。その意味では，村松（1998）の，「少年の両親がどのような家族に育ったのかをも，彼らとともに探求していくことが，世代を超えて持ち越された未解決の問題を浮かび上がらせ，現在における家族の機能の理解を可能にする」という指摘は，キレる青少年とかかわるときに非常に有意味なものだと思われる。養育環境の悪さや両親の欠損・不和など，それそのものだけを問題視するのではなく，それらが家族や少年たちの心にどのような質的な変化をもたらしたのかに注目することが，個々の問題をより実態に近いかたちで把握し，援助することへと結びつくものと考えられる。

3　キレる子どもを理解するために

　以上，簡単にではあるが，キレる青少年を生むメカニズムについて，いくつ

かの側面から検討した。「キレ」という現象は，強い被害感と見捨てられ感に裏づけされた，日常とは不連続なかたちでの衝動的な攻撃性の表出と言いかえることができるであろう。そして，その現れ方が突発的なものであるがゆえに，周囲は行動の予測が難しく，ややもすれば，理解できない特別な現象・特定の問題を抱えた個人が陥る特異な状態として認識されてしまいやすいように思われる。

　キレる青少年がいて，問題が起こるのであるから，個人について十分吟味し，その病理性も含めた理解に努めることが重要なのはいうまでもない。しかし，この問題が，今，表面化してきたという現実を，やはり私たちは直視せねばならないのではないだろうか。現代社会は，さまざまな矛盾や歪みを内包し，従来の社会通念や家族制度が大きく変化し，幼児虐待やドメスティック・バイオレンスなどの頻発するなかで，社会全体が方向性を見失っている。もう青少年とはいえない大人が，キレて，重大犯罪を起こすというニュースもよく耳にする。そんななかで，「心の金属疲労が非行の原因としかいいようのない事例」（桑原，1999）があり，「すべての人がキレる可能性を持つ」（斎藤，1998）との指摘がなされているのである。また牛島（2000）は，臨床経験からの実感をふまえ，「青少年の病態の変化は社会変動を直接的に反映したものである」と述べてもいる。今後，「キレ」の問題を考えていく際は，青少年の特別な行動としてだけではなく，現代社会全体が抱える問題のひとつの現れとして，この現象を広汎にとらえていく視点が不可欠といえるのではないだろうか。そして，今を生きている子どもたちの混乱を少しでも収めるためには，渡辺（2000）が指摘するように，私たち大人自身が，自分の抱える問題について真剣に考え，対処していこうと努力することが重要であろう。直接的に何かを援助することではなくても，そのことそのものが，子どもにさまざまな問題を解決していく糸口を示すこととなると思うのである。

　今後，キレる少年たちはますます増えることが危惧されている。彼らを「訳のわからないもの」ととらえ，意識から排除しようとするのではなく，行動の裏にあって簡単には見えなくなっている彼らなりの大変さや訴えを，周囲が少しでも理解しようと試みることが，彼らをキレる状態まで追いつめなくてもすむ第一歩になると思われる。

Column ⑨ 食事とキレ

　食事は青少年が「キレる」ことにどう関係するのだろうか。その点に関して大沢博・岩手大学名誉教授は少年院での調査から「キレる」青少年の食事の特徴として次のようなことをあげている。
- 長期にわたって清涼飲料水の大量摂取
- 甘い冷菓，スナック菓子，チップス類を大量に食べている
- 朝食は食べない
- 菓子パンやインスタント麺の食事
- 副食として肉，特に焼き肉や肉加工品をよく食べている
- 野菜，特に根菜はほとんど食べない

　このような食事の問題点として，甘いものの過剰摂取とビタミンやミネラルの不足を指摘することができる。それではこのことと「キレる」こととのかかわりについてであるが，次の2点を指摘しておきたい。

①「キレる」ことと低血糖症

　低血糖症は脳に影響を及ぼす。脳にブドウ糖が十分に供給されないと，疲労，イライラ，めまい，不眠，うつ，集中力低下，忘れっぽいなどの症状が現れる。低血糖は甘いものに含まれる糖分の大量摂取によって引き起こされる。砂糖のような糖分は体の中では速く分解され血糖値が急速に上昇する。血糖値が上昇するとすい臓からインスリンが過剰に出て血糖値を下げる。これを繰り返しているとすい臓は過敏に反応するようになり低血糖症になる。低血糖症になると，肝臓からグリコーゲンを出そうとしてアドレナリンが副腎から分泌される。アドレナリンは攻撃ホルモンともいわれ，人を攻撃的暴力的にしてしまう。

　同じ糖分でも米や小麦に含まれるでんぷんは分解に時間がかかるため，ブドウ糖はゆっくりと血液の中に出ていくので血糖値は一定に保たれ低血糖症にはならない。

② ビタミンとミネラル不足

　カルフォルニア州立大学の調査で，300人の凶暴な少年の食事に共通していたことは，ビタミンB群，ナイアシン，葉酸，カルシウム，マグネシウム，亜鉛，鉄というビタミンとミネラルの不足であったと報告している。ビタミンB群は神経ビタミンともいわれ，たとえばビタミンB_1が欠乏するとケンカしやすいとか非協力的になる。

Column ⑩ キレと脳

　1848年の夏にフィネアス・P・ゲージを襲った不幸な事故は，彼の人格に劇的な変化をもたらした。彼は，アメリカ北東部のニューイングランド地方で鉄道工事に従事していた。ちょっとした不注意が原因で火薬の扱いを誤り，吹き飛ばされた鉄棒が彼の左頬にめりこんで，そのまま頭部前部を貫通して飛び出していったのである。奇跡的に回復したゲージの知覚や言語，運動などの機能は以前と変わらなかった。ところが，事故の前には冷静沈着で，計画した仕事を精力的かつ粘り強くこなし，誰からも優秀なリーダーであると認められていた彼が，気まぐれで優柔不断，衝動的で感情が突発的に爆発し，通常の社会的生活すら困難な人格に変化した。ハーバード大学医学部に残されている彼の頭蓋骨などを手がかりとして，損傷を受けたのは，前頭前野腹内側領域とよばれる場所であったと推測されている（Damasio, 1994）。

　「キレる」現象のひとつの側面として，「理性」と「感情」あるいは「認知」と「行動」の解離を指摘することができる。キレた状態では，自分がどんな感情状態にあるのか，なぜ自分がこんな行動をしているのかわからない。脳に関する伝統的な考え方，あるいはわれわれが抱く一般的なイメージは，次のようなものであろう。衝動の中枢である大脳辺縁系と理性の中枢である大脳の前頭葉はそれぞれ独立したシステムとしてはたらいている。ゲージの例では両者を連絡する組織が破壊されたため，衝動中枢が理性の支配を失い，一人歩きしはじめた。

　しかし，現代の脳科学の発展により，脳と心についての考え方は変化してきている。心の知的はたらきも感情的側面も進化的に古い脳から新しい脳に至る多くの領域のネットワークによって支えられている。特定の領域が複数のネットワークに含まれ，どのネットワークの中ではたらくかによってその領域が果たす役割が異なる場合もある。各ネットワーク，言い換えれば心を構成する諸過程はそれぞれ独立に機能しており，それを一つの意識，一つの人格にまとめる作業に，前頭葉の特に前側の領域が重要な役割を果たしていると考えられている。「キレる」現象を理解し，それを防ぐ方策をくふうするのに，「キレない」安定したまとまりのある人格において，さまざまな心のはたらきがいかに統合されているかを知ることが助けになるであろう。そのためには，現在急速に蓄積が進んでいる脳科学の知見に無関心ではいられない。

Column ⑪ 暴力映像とキレ

　暴力映像の影響を検討した研究として有名なものに，バンデューラ（Bandura, 1965）の観察学習の研究がある。この研究では，ボボ人形とよばれる等身大の人形に対して大人が攻撃行動を行っている映像を66人の幼児に見せた後，ボボ人形を含むさまざまなおもちゃが置いてある部屋で自由に遊ばせ，その行動を観察した。なお，幼児は3つのグループに分けられていた。グループ1は攻撃行動をとった人物が食べ物や賞賛などの報酬を受ける映像を，グループ2は攻撃行動をとった人物が罰せられる映像を，グループ3は攻撃行動を行っている映像のみを見る。この結果，グループ1，3の幼児はグループ2の幼児に比べて，映像で示されたような攻撃行動をより多く示した。さらに，映像で見たことや聞いたことを繰り返した場合に幼児自身に報酬を与えるようにしたところ，グループ2の幼児も他グループの幼児と同じくらい攻撃行動を示した。もちろん，現実世界は非常に多くの条件が複雑に絡み合っており，これらの結果を今日の日本における暴力映像の影響にそのまま当てはめることはできないが，報酬がある場合，暴力映像がいわゆるキレなどの攻撃行動を促進する可能性も否定できない。また，このほかにも多くの研究が暴力映像と攻撃性との間に何らかの関係のあることを示している（青少年と放送に関する調査研究会, 1998）。ただし，どのような場合でも暴力映像が攻撃性に影響するわけではない。たとえば坂元（Sakamoto, 2000）によれば，攻撃行動に対する報酬，相互作用性（ゲームのように，情報を受け取るだけでなく自分からはたらきかけることができるかどうか）や，映像の現実性が，暴力映像の影響力を左右する。また，映像を見たあとの周囲の態度（特に，攻撃行動に対して否定的な態度を示すかどうか）や自己の感情のコントロールによって，映像に示されていた攻撃行動の実行を抑えることもあるだろう。すなわち，暴力映像は攻撃行動に影響しうるものではあるが，常に攻撃行動の実行をうながすわけではないといえよう。そして，映像における攻撃行動の取り上げ方や，その映像に対する周囲の人や本人の態度，本人の特性などによって，暴力映像とキレなどの攻撃行動とのつながりを絶つことも可能であろう。

Column ⑫
ストレスとキレ

　一口にストレスといっても、たいへんに幅広い概念である。主なものとして、生理学的なセリエ（Selye, H.）の学説や、心理学的に「社会再適応評価尺度」を作成して、生活上の出来事のストレス度を数値化したホームズとレイ（Holmes, T. H.& Rahe, R. H.）の研究、さらに、個人の認知的要因を取り入れたラザルス（Lazarus, R.S.）の心理学的ストレス研究などがあげられる。

　しかし、本稿では、青少年の日常的な問題におけるストレスとキレの関連について調査した深谷ら（1998）の研究を紹介しよう。この調査は東京都の4つの中学校の生徒1,235人を対象に行われた。

　このなかで、ストレス状況を反映していると考えられる「日常、どのくらいムカついているか」の質問に対して、全体の19.9％が「毎日のように」、41.2％が「週に何回か」と答えている。また、「キレたことがあるか」の質問に対しては、全体の3.7％が「毎日のように」、12.9％が「週に何回か」と答えている。さらに、「毎日のようにキレる」生徒の90.9％が「毎日のようにムカつく」と回答しており、ムカつくこととキレることの間には密接な関係があることがわかる。さらに、キレと関連していると考えられる要因についてみると、毎日のようにキレる生徒は、学校で「がまんばかりしている」41.9％（いままでにキレたことのない生徒では11.8％、括弧内は以下同じ）、「目立たないようにしている」30.2％（10.6％）、「友だちからバカにされる」22.5％（6.1％）、「国語がまったくわからない」22.2％（4.8％）、「英語がまったくわからない」26.7％（7.4％）、「友だちに仲間はずれにされる」14.0％（3.9％）、「仲間から無視される」11.6％（2.6％）、「友だちから暴力をふるわれる」30.2％（4.0％）、「一緒に喜んでくれる友だちが一人もいない」23.8％（9.4％）、「落ち込んだとき、話を聞いてくれる友だちが一人もいない」34.9％（17.4％）、「親が（とても）無関心」20.9％（3.1％）、「高校進学はとても・かなり無理」24％（11％）のように、学校での生活、学習面、友人関係、家庭環境などあらゆる場面でストレスを感じる状況にいることが示されている。このように原因は複雑であり、簡単な解決法は見いだすことができないが、大人側の問題点も少なくないことが考えられる。たとえば、家で「親が大事な友だちをけなす」と「とてもムカつく」（37.4％、以下同じ）、「親に細かく指図される」（29.2％）、先生が「えこひいきする」（44.5％）、「できない生徒をけなす」（31.7％）と、生徒たちは回答している。

第2節　「キレる」ことの意味

1　「問題行動」を理解する姿勢

　第1章でみてきたように，今日，キレる子どもの数の増加，しかも一見「ふつうの子ども」がキレて，暴力をふるったり他者を傷つけてしまうことが，社会的にも注目されている。器物破損や対人的暴力などは，改めて述べるまでもなく反社会的問題行動である。古くから，反社会的行動，非社会的行動にかかわらず，問題行動の本質を理解するには，その行動の意味に目を向けることが重要であるといわれてきた。たとえば心理臨床的には，青少年が問題行動を呈することには次のような意味がある。

❶──入場券としての問題行動
　不登校やチック，吃音などの問題行動の発現や，発熱，頭痛などの症状がこれにあたる。子どもは，こういう問題行動や症状を訴えることによって，はじめて専門の相談機関を訪れることになる。しかし，これらの問題や症状は氷山の一角にすぎず，問題行動そのものや症状にばかり注目していては，問題の解決にならない。子どもの示す症状の背後に何があるのかを見きわめ，「何がこの子をそうさせているのか」を探る努力をしなければならない。

❷──危険信号としての問題行動
　子どもが問題行動を示すことは，「ここに何とかしてもらいたい問題がある」

という信号を送っているのである。それは，子どもがだれかの注意を必要としていることを訴えていることであると気づかねばならない。

3──問題解決の企図としての問題行動

　子どもの中には，自律的に自らの問題を解決しようという機能がある。子どもの示す多くの問題行動や症状は，彼らが自分なりに問題を解決しようとする努力の現れであることが多い。客観的には，それは非合理的，非効果的であったりするが，彼らにしてみれば，それが唯一の解決法としか考えられなかったともいえる。また，ある症状を呈することによって，かろうじて自らの防衛に成功している場合もある。

　このように，大人から見れば非常に困ったものと思われる問題行動であっても，子どもにとっては言葉にならない心の訴えの表出である場合も少なくない。この心の内面に目を向け，問題解決をめざすことが，発達的にも臨床的にも大切である。

2　1980年代以前からみられる「キレる」行動の意味

　第1章に述べられているように，「キレる」という言葉や表現は，1980年代末から90年代にかけて発現したことから考えると，この言葉が生まれてまだほんの10数年しか経過していない。もちろんそれ以前にも，青少年の対人的暴力や器物破損など，少なくとも行動レベルでみれば，同じような問題行動は数多く存在した。しかし，この言葉が生まれ，日常的に用いられるようになる前と後とでは，その行動の意味はかなり変容してきたと考えられる。

　たとえば，子どもから親への家庭内暴力は，それ以前の1970年代初頭から注目されてきた。特に1980年代には，10代から20代前半，特に中学・高校生を中心とする青少年，その多くはおとなしいよい子とみられてきた子どもたちが家庭内で突然，豹変することで，社会的にも大きな関心が寄せられてきた。家庭内暴力は，青少年の「キレる」行動の先駆的現象のひとつであるとも考えられる。

　しかしながら，この時期の家庭内暴力に対する理解は，本人や父親，母親の

第2節

「キレる」ことの意味

1 「問題行動」を理解する姿勢

　第1章でみてきたように，今日，キレる子どもの数の増加，しかも一見「ふつうの子ども」がキレて，暴力をふるったり他者を傷つけてしまうことが，社会的にも注目されている。器物破損や対人的暴力などは，改めて述べるまでもなく反社会的問題行動である。古くから，反社会的行動，非社会的行動にかかわらず，問題行動の本質を理解するには，その行動の意味に目を向けることが重要であるといわれてきた。たとえば心理臨床的には，青少年が問題行動を呈することには次のような意味がある。

1──入場券としての問題行動
　不登校やチック，吃音などの問題行動の発現や，発熱，頭痛などの症状がこれにあたる。子どもは，こういう問題行動や症状を訴えることによって，はじめて専門の相談機関を訪れることになる。しかし，これらの問題や症状は氷山の一角にすぎず，問題行動そのものや症状にばかり注目していては，問題の解決にならない。子どもの示す症状の背後に何があるのかを見きわめ，「何がこの子をそうさせているのか」を探る努力をしなければならない。

2──危険信号としての問題行動
　子どもが問題行動を示すことは，「ここに何とかしてもらいたい問題がある」

という信号を送っているのである。それは，子どもがだれかの注意を必要としていることを訴えていることであると気づかねばならない。

3──問題解決の企図としての問題行動

　子どもの中には，自律的に自らの問題を解決しようという機能がある。子どもの示す多くの問題行動や症状は，彼らが自分なりに問題を解決しようとする努力の現れであることが多い。客観的には，それは非合理的，非効果的であったりするが，彼らにしてみれば，それが唯一の解決法としか考えられなかったともいえる。また，ある症状を呈することによって，かろうじて自らの防衛に成功している場合もある。

　このように，大人から見れば非常に困ったものと思われる問題行動であっても，子どもにとっては言葉にならない心の訴えの表出である場合も少なくない。この心の内面に目を向け，問題解決をめざすことが，発達的にも臨床的にも大切である。

2　1980年代以前からみられる「キレる」行動の意味

　第1章に述べられているように，「キレる」という言葉や表現は，1980年代末から90年代にかけて発現したことから考えると，この言葉が生まれてまだほんの10数年しか経過していない。もちろんそれ以前にも，青少年の対人的暴力や器物破損など，少なくとも行動レベルでみれば，同じような問題行動は数多く存在した。しかし，この言葉が生まれ，日常的に用いられるようになる前と後とでは，その行動の意味はかなり変容してきたと考えられる。

　たとえば，子どもから親への家庭内暴力は，それ以前の1970年代初頭から注目されてきた。特に1980年代には，10代から20代前半，特に中学・高校生を中心とする青少年，その多くはおとなしいよい子とみられてきた子どもたちが家庭内で突然，豹変することで，社会的にも大きな関心が寄せられてきた。家庭内暴力は，青少年の「キレる」行動の先駆的現象のひとつであるとも考えられる。

　しかしながら，この時期の家庭内暴力に対する理解は，本人や父親，母親の

性格傾向や家族内心理力動によるものが大半を占めている。つまり，基本的な家族構造としては，母親の過保護・過干渉による密着した母子関係と，父親の心理的不在がみられる。このような家庭環境の中で，子どもが青年期を迎えた時，自立しようとする努力と，母親に依存したもとの安全な場所を維持したいという思いが入り雑じって，最も親しい家族に対して暴力が発現する。

家庭内暴力の意味について，若林と本城（1987）は，「抗議として」，「自立の試みとして」，「（母親を）操作する手段として」，「共生的関係を再構築する試みとして」をあげている。このようにこの時期の家庭内暴力は，自立と依存の葛藤のはざまにあって，子どもたちが自分なりに自立しようとする試みとして理解することができた。

3 最近の「キレる」青少年の背景にある問題

このように家族内暴力をはじめとして，これまでのキレる問題行動には，なんとか適応し成長しようと努力してきたが，どうしようもなくなり破綻をきたして問題行動に陥ってしまうという心理力動がみられた。そして，心理臨床家は，専門的援助を求めて来談する青少年や家族に対して，1項で述べたような視点をもとに理解しようと努力してきた。しかしながら，今日の「キレる」青少年の問題行動は，もっと別の理解が必要であると考えざるをえない。最近の青少年の「キレる」行動には，「なんとか適応し成長しようと努力してきたが，どうしようもなくなり破綻をきたしてしまった」という心の柔軟性はみられず，ふつうの子どもがいとも簡単にキレてしまうケースが少なくない。「キレる」ことで問題行動を起こすその個人の心理力動より以前に，今日の青少年全体に共通する心理的特性に目を向ける必要があるのではないであろうか。

1 ──「キレる」理由は妥当

尾木（2000）は，「キレる子現象」に関する専門家会議（東京都，1999）で発表された養護教諭の聞き取り調査を，次のように分析している。子どもたちがあげたキレる理由は，教師に対してよりも友人への気遣いや，友達が自分勝手であったり，自分がバカにされたりするなど，怒って当然という場面である。

つまり，キレる「理由」は，合理的でもっともなものである。

また，子どもたちがムカついたりイラついたとき，どのような行動をとるのかについて，同調査は，ⓐ攻撃する，ⓑ不安から自己防衛としての感情を閉鎖する，ⓒうまくセルフ・コントロールする の3つのパターンを報告している。しかし，ⓐの攻撃性をストレートに出す行動パターンは，45％にも上っているのに対して，ⓒと答えた子どもは，0.5％にすぎない。また，ⓑは表面的には穏やかであるが，イラつきやムカつきを心の中に抑え込んでおり，いつⓐのパターンに移行しないとも限らない。

このようにキレるきっかけとなる原因や理由そのものは，それほど不合理なものはみられないが，その感情をうまくコントロールしたり，問題解決ができないために攻撃的で短絡的なかたちで暴力が噴出している（尾木，2000）のである。「キレる」行動の背景には，怒りがある。問題は，「怒りがあること」ではなく，なぜ適応的な方法でそれを発散したり，建設的に解決することができなくなったのかが重要であろう。

2 ── コミュニケーションの障害としての「キレ」

この問題について水島（2002）は，子どもたちの「キレ」の現象を，コミュニケーション障害としてとらえ，図2-2のような興味深い分析を行っている。以下に，このプロセスを水島（2002）にしたがって解説する。

図2-2の第一の経路は，怒りや不快感を感じたとき，それを言葉で表現し，怒りを解決できるよう，コミュニケーションを重ねていくものである。そして，相互の理解や折り合いをつけることによって，どちらか一方のみが我慢したり感情を圧し殺したりすることなく，怒りを解決することができる。このプロセスをたどることができれば問題はない。しかしながら，現実には，怒りを感じてそれを言葉で言えず，心の中で圧し殺してしまうことが多い。こうなると怒りは心の中に蓄積され，この行動パターンが繰り返されると，いつキレてもおかしくない一触即発の状態になる。この状態を水島（2002）は，「前ギレ状態」とよんでいる。この「前ギレ状態」になると，ちょっとした刺激でも簡単にキレてしまう。これが，第三の経路である。また，怒りを表現して相手とコミュニケーションをとろうとしても，一方的に黙らされてしまうことも少なくない。

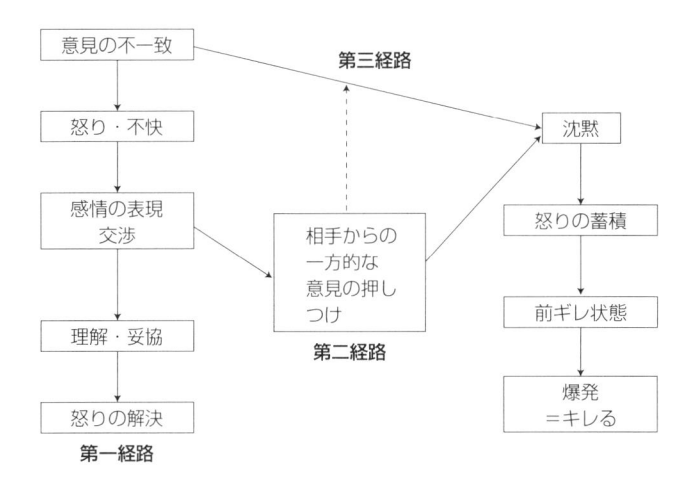

図2-2　コミュニケーションの流れと「キレる」の関係（水島，2002）

これが第二の経路であり，第三の経路と同様に，怒りが蓄積されて「前ギレ状態」に至るのである。

❸──青少年の自己イメージ・自己感覚の脆弱さ

　それでは，なぜ多くの子どもたちが，「前ギレ状態」のような危険水域に片足を入れているのであろうか。

　表2-5，表2-6，図2-3は，1995年から1996年にかけて，ベネッセ教育研究所が行った国際比較調査である（尾木，2000）。この調査結果から，現代のわが国の子どもたちは，他の5か国に比べて，肯定的な将来イメージがもてず，自分自身に対する評価が低く自信がないという非常に否定的な自己イメージをもっていることがうかがわれる。また図2-3に示されたように，幸福感も6か国中，最も低いことから，心理的充足感や満足感も乏しいことが推測される。

　また図2-4は，町沢（1999）が全国の中・高校生1800名を対象に人格の安定度を調査した結果である。この調査結果も，前記のベネッセ教育研究所の調査と同様，非常に悲観的な青少年の心の状態を示している。特に，「私は，自分がどんな人間なのかわからなくて困ることがある」と感じている中・高校生は，4割近くも存在している。また，町沢自身も述べているように，「私はときど

表2-5 自己評価に関する国際比較（尾木，2000より）

「とてもよくあてはまる」と答えた子どもの割合 (%)

	東京	ソウル	北京	ミルウォーキー	オークランド	サンパウロ
スポーツのうまい子	17.7	30.2	24.6	53.4	40.2	45.6
よく勉強できる子	8.4	8.6	14.0	43.5	27.6	37.4
友だちから人気のある子	9.8	11.2	31.6	35.4	28.9	32.0
正直な子	12.0	27.4	39.3	49.8	47.6	54.4
親切な子	12.3	26.4	41.0	59.1	46.6	50.6
よく働く子	14.3	31.7	39.8	67.1	38.3	48.5
勇気のある子	19.0	28.0	37.5	57.8	39.6	48.3

11歳の子ども計4,623人（東京1,969人，ソウル747人，北京751人，ミルウォーキー403人，オークランド349人，サンパウロ404人）を対象に，1995年10月から1996年6月にかけて調査。
ベネッセ教育研究所「別冊モノグラフ・小学生ナウ　第5回国際教育シンポジウム報告書」1997年より作成（表2-6，図2-3も同じ）

表2-6 将来の自己イメージに関する国際比較（尾木，2000より）

「きっとそうなれる」と答えた子どもの割合 (%)

	東京	ソウル	北京	ミルウォーキー	オークランド	サンパウロ
みんなから好かれる人になる	10.5	33.5	55.2	27.9	27.3	45.9
幸せな家庭をつくる	38.6	76.3	68.5	63.5	57.0	85.3
よい父（母）親になる	21.1	65.6	70.2	63.6	57.3	82.0
仕事で成功する	20.6	60.2	51.3	52.7	48.5	44.0
お金持ちになる	12.3	34.4	29.2	23.9	32.3	18.4
有名な人になる	11.8	39.1	26.1	19.7	25.2	20.6

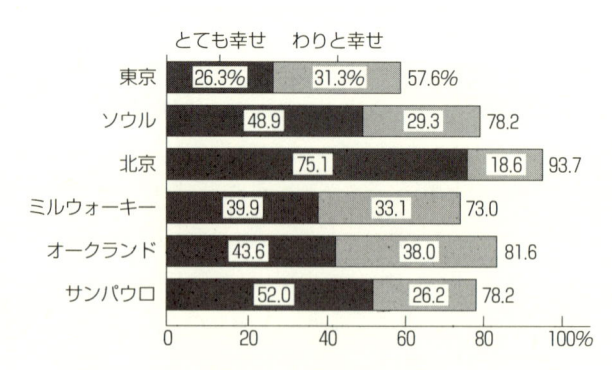

とても幸せ　わりと幸せ

	とても幸せ	わりと幸せ	計
東京	26.3%	31.3%	57.6%
ソウル	48.9	29.3	78.2
北京	75.1	18.6	93.7
ミルウォーキー	39.9	33.1	73.0
オークランド	43.6	38.0	81.6
サンパウロ	52.0	26.2	78.2

図2-3　幸福感に関する国際比較（尾木，2000より）

第2節 「キレる」ことの意味

項　目	(%)	中高生群 n=1800	成人(平均27歳)群 n=33
A．私は周りの人からいつも見放されている気がする。		9.2	6.1
B．私は気が狂うのではないかと怖いときがある。		18.1	9.1
C．私は人生を生きぬく力がないと感じている。		9.3	3.0
D．私の心はむなしい（からっぽ）と思う。		15.9	12.1
E．私は自分を憎んでいる。		15.0	3.0
F．いつも私はひとりぼっちだと思う。		8.5	24.2
G．私は何でも新しいことをするのが恐い。		13.6	9.1
H．何かを決めるのは私には難しい。		32.5	24.2
I．私は自分がどんな人間なのかわからなくて困ることがある。		36.7	12.1
J．私はときどき心がバラバラになるように感じる。		29.6	0.0
K．私はどんなに努力しても決していい結果は出ないような気がする。		17.4	0.0
L．家族は私がいないほうが楽しいにちがいない。		7.3	21.2
M．私は誰からも好かれていない。		6.8	3.0
N．現実と想像の区別がよくわからないことがある。		23.0	6.1
O．他人は私を「人間」としてあつかってくれない。		2.8	0.0
P．私の人生に希望はないと思う。		5.7	3.0
Q．私は人生に失敗してしまうのではないかと思う。		24.8	3.0
R．私は友人を作るのが下手である。		23.7	18.2
S．私のまわりでとんでもないことが起こりそうだと感じる。		24.4	6.1
T．私は自分を見失ってしまうときがある。		27.5	6.1

（スケール項目に「はい」と答えた％）

図2-4　人格の安定度調査（町沢，1999）

き，心がバラバラになるように感じる」，「私は自分を見失ってしまうときがある」は，まさにキレる時，キレる寸前の心理状態といってもよいであろう。このような心理的状態にある子どもたちが3割近くにも上ることは，重大な問題である。

　これらのデータは，なぜ「ふつうの子ども」が，いとも簡単にキレるのかという問いにひとつの答えを与えてくれるであろう。つまり，現代の子どもたちは，自分に対する不確実感，不確定感とともに，「自分がバラバラになる」寸前まで圧迫された心の世界に生きていることが推察される。そして，一度キレた体験のある子どもは再びキレやすい。閾値(いきち)がだんだん下がって，すぐにキレるようになるといわれている。

　ここで述べてきたことは，「キレることの意味」以前の問題であるかもしれない。現代のキレる青少年は，その行動の意味を理解することが可能なだけの「心の容量」をもちあわせていないともいえる。しかしながら，そうであるならなおさら，その心の状態や感情を言語化すること，つまり自分と相手の間にコミュニケーションの橋をかけることがきわめて重要であろう。キレる心理の対極にある心の柔軟性や粘り強さ，相手を理解しようとする心は，そこから養われていくと思われる。

Column ⑬

ADHDとキレ

　近年，深刻な社会的問題として新聞紙上をにぎわせている青少年の凶行事件に関して，その多くの事件に共通した特徴として，彼らが何らかのきっかけで否定的な感情を表出し，攻撃性を抑制できなくなること，その攻撃を無差別に行うことなどがあげられる（村山，2000）。このような突発的犯行は，一般的に"キレ"と称されているもので，顕著な衝動性をともなう攻撃行動といえよう。

　この"キレ"の現象の形成については，さまざまな要因が関係していると考えられるが，その衝動的攻撃性に着目するとADHD（注意欠陥・多動性障害）はきわめて重要な要因のひとつである可能性がある。

　アメリカ精神医学会の精神疾患の分類と診断の手引き第4版（American Psychiatric Association, 1994）によると，ADHDは，多動性，衝動性，不注意などを中心的症状とする障害である。キレとの関係で，特に問題となるのは，これらの症状のうちの衝動性や多動性が顕著にみられる場合であり，具体的には，活発で自己中心的な行動パターンや不安定な情動的反応（Munden & Arcelus, 1999），威嚇や暴力で他人を支配する対人関係（司馬，1999）などが示される場合である。このようなADHDにみられる衝動的，攻撃的性質は，"キレ"とよばれる問題行動にも共通してみられるものであり，両者の関連性を示唆するものであるといえよう。

　ハロウェルとレイティ（Hallowell & Ratey, 1994）は，ADHDと犯罪の関連性について，ADHDからくる直情的径行と欲求不満耐性の欠如が，暴力的な行動を助長し，犯罪の形成因となりうると指摘している。注目すべき点は，ADHD単独の場合の攻撃性は，無意識的に感情をぶつけるため意図的な要素が弱いのに対して，ADHDが行為障害（反社会的行為を主な特徴とする人格のかたより）などをともなう場合は，危害を加えることを目的とした意図的な要素が強いことである。後者のようなケースでは，犯罪的傾向が強くなることが報告されており（Munden & Arcelus, 1999），衝動的な攻撃性を特徴とする犯罪との関連性がよりクローズアップされるのである。

　さて，今のところ，ADHDと"キレ"の関連について決定的な証拠はなく，短絡的に両者を結びつけるのは危険である。しかし，ADHDと"キレ"の類似した性質を考察すると，その関連性は詳細に検討されるべきであり，このような分析によって，青少年の荒れた心の一端が解明されていくのではないだろうか。

Column ⑭
タイプAとキレ,そして,敵意をめぐって

　タイプAとは,タイプA行動パターン（type A behavior pattern）のことである。それは,敵意や攻撃性,短気,時間的な切迫感,過剰な達成欲求などといった特性からなる行動傾向で,タイプA傾向が強い者はそのような特性のゆえ,さまざまな状況でストレスを経験しやすく,そのストレスが心臓血管系への負荷を高め,結果として心疾患に罹病しやすいといわれる。ただし,最近ではタイプAの諸特性のうち心臓血管系に直接的な影響を与えているのは敵意（hostility）だけだという見解が支配的になりつつある（Smith, 1992）。つまり,タイプAといわれる一群の行動の中核は敵意という特性にあり,その特性が他のタイプA的諸行動を動機づけていると考えるのである。いずれにしろ,タイプAにおける敵意の役割が無視できないものとなっていることは確かである。

　ところで,タイプAとキレとの間に何らかの関連が見いだせるとすれば,やはりこの敵意という概念が鍵になるのではないかと思う。細かい議論は省略するが,敵意とは,世間や他人に対する不信感を基調とするある種の歪んだ認知スタイルや気分をさしている。ここ数年,青少年が引き起こしたさまざまな暴力事件でキレといわれる現象が関連しているものの背後には,他人に対する不信感とでもいえるようなものがあることを感じる。日ごろから抱きつづける敵意。その敵意がある種のエネルギーを蓄積し,それが限界近くに達したとき何かのきっかけで噴き出す。個人的にはそれがキレのメカニズムではないかと思っている。一方,タイプAのほうは敵意として蓄積されたエネルギーを日常生活の中で攻撃行動や仕事への没入というかたちで消費しているのである。つまり,タイプAとキレとは,敵意というエネルギーを基底にもつ点では同じだが,その発散のスタイルが異なるのである。

　ただ,このごろ感じるのは,背後に敵意を仮定することによって理解することのできる病理現象はほかにももっとあるのではないかということである。たとえば,境界例のケースなどがそうである。専門の臨床家でない筆者が少数の事例から断定的なことをいうのは避けたいが,他人に対し徹底した理想化と敵対をかくも激しく繰り返す彼らの奥底に,根深い敵意の存在を感じずにはいられない。同じようなことは自己愛パーソナリティのケースを前にして思ったこともある。

　なぜ,そのように敵意を仮定することで理解しやすい病理現象がかくも増えているのだろうか？　もしかして,われわれの築いてきた社会のシステムが,われわれに他人を信じることを不可能にするように強いているのだろうか？　時々,そう考えてやりきれない気持ちになり,気分が沈むことがある。

Column ⑮ キレと規範意識

　学校現場では、子どもたちの問題行動が年々深刻化の一途にある。総務庁（現総務省）では1999年、低年齢少年の逸脱行動と規範意識との関連を、全国の小・中学生2,217人を対象に調査した（伊藤、2000）。その結果、小学生よりも中学生で、そして女子よりも男子で、軽微な逸脱行動の経験率（授業中いねむりをする／クラスの子をいじめる／親に逆らったり口答えする、など11項目）が大きいことがわかった（図1）。これを裏づけるかたちで、規範意識（先述の「逸脱行動」などに対し、「してはいけないと思うもの」をあるだけ選択するという方法で測定）では、男女ともに、小学生より中学生のほうが規範意識が低かった（図2：レンジは0－15点）。また性差に注目すると、中学生になると男女とも規範意識が低くなるが、その悪化率は女子のほうに顕著であるといえる。

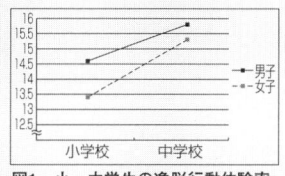

図1　小・中学生の逸脱行動体験率

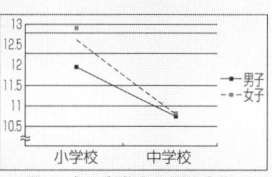

図2　小・中学生の規範意識

　さらに、シンナーやタバコ、援助交際など法律に反するような行動に対して、「本人の自由だ」と思うものをすべて選択するよう求めた結果（レンジは0－6点）、小学生より中学生で選択が高まることが示された。これは、規範意識の低下とは反比例の関係にある。しかもこの得点は女子のほうが高い（図3）。つまり、小学生より中学生で、また男子より女子で「法律違反行動も本人の自由だ」という脱規範的な意識が強いことがうかがえた。

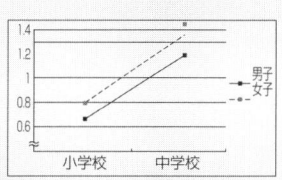

図3　小・中学生の脱規範意識

　近年、キレる青少年の問題が頻発し、その心理的メカニズムが取り沙汰されることが多くなった。以上のデータが示すように、そうした現象の背景に、歯止め（規範意識）の弱体化や、歪んだ個人主義（人に迷惑をかけなければ、何をやっても本人の自由という意識）の影響がうかがえるのではないだろうか。

第3章
キレる青少年への対応

第1節

「キレ」に対応する際の原則

　定義の箇所でも示したように,「キレ」という現象は,一種の攻撃行動である。このような行動を目の当たりにすると,周囲の者はそれを力で押さえつけようとしたり,怯んで機嫌をとるような対応をしてしまうことが多いであろう。しかし,そのいずれも,賢い対応とはいえない。このような行動に対する対応は,そのくらい難しいのである。では,どのようにすればよいのであろうか。そのヒントを,いくつかの臨床心理学の理論等を参考にして考えてみたいと思う。

1　「キレ」に対する対応を考えるうえで役立つ臨床心理学の理論

　臨床心理学の理論は多々あるが,ここでは精神分析療法,来談者中心療法,行動療法,論理療法の4つを紹介したい。
　まず,精神分析療法について,乾(1990)は,「人間の心理行動には本人でも気付くことのできない無意識的心理で動かされている側面があり,周りからみると当然意識し体験しているであろう依存,愛情や悲しみ,怒り,苦痛などを,意外にも本人は意識していないことがある。この種の意識されない情緒や外的・社会的要求のあり方をめぐる心の葛藤が,本人の不適応行動や心身の病的状態を引き起こすと考えられる」と述べている。そして,その治療の特徴として,「心的葛藤の意識化」,「中立的・受容的な治療者の態度と方法」などを指摘している。

この理論に従えば,「キレ」という現象も,その根底には無意識のうっ積した心理が潜んでいる場合があり,その意識化をはじめとして,じっくりとしたかかわりが必要ということになる。

また,来談者中心療法について,辻河(1998)は,カウンセリングを行う上での基本的態度として,①無条件の肯定的関心,②共感的理解,③自己一致,の3点があることを指摘するとともに,その技法として,①受容,②反射・明確化,③質問による非指示的リード,が重要であることを指摘している。

この理論によれば,「キレ」のような行動に対しても受容的にかかわり,しっかりとその話に耳を傾け,その心理を読み取っていくという作業が必要ということになる。

さらに,ガーフィールド(Garfield, 1980)は,行動療法の考え方の特徴として,①動機や葛藤という概念を用いたり強調したりせず行動を強調する,②問題行動を学習された行動や誤った学習の産物とみなす,③行動療法家は専門的な治療者の役割をとる,という点を指摘し,また,治療者のあり方として,①来談者の問題を十分に評価し,ケースの特殊性に応じ,適切と考えられる治療計画を立てることに注意を集中する,②精神力動的心理療法(精神分析療法)や来談者中心療法とは対照的に,治療者のパーソナリティや個人的資質にはほとんど注意を払わない,③真実性・共感・暖かさといった治療者の変数をほとんど強調しないし,それらを学習理論の枠組み内でとらえ,異なった見方をする,という3点を指摘している。

この理論によると,「キレ」という現象は,誤った行動が学習されたものとして理解され,強化や消去(賞,罰など)の手続きなどが利用され,不適切な行動の除去がめざされることになる。

一方,「認識」を強調する理論のひとつである論理療法の基本的な考え方は,ガーフィールド(Garfield, 1980)によれば,「行動異常の原因が,来談者の誤った思考や認知にあると主張されている。来談者が不幸であったり抑うつ的であったりするのは,彼が誤った信念を有しているからである。人がこれらの誤った信念を有すると,自分自身や他者について誤った期待をすることになり,失敗や不幸を体験するようになる」というものである。また,この理論の治療目標としては,誤っていたり歪んでいたりする来談者の信念を放棄させ,もっ

と現実的な信念を獲得させること，と考えられている。

　この理論によれば，「キレ」という現象の背後にあるその人の誤った認識（たとえば，人が自分に悪意をもっている，人が自分を陥れようとしている）を取り除き，より現実的な認識をもつことができるよう指導する，という作業が中心となる。

　最後は，いわゆる臨床心理学の理論ではないが，小学校教員である高見（1998）は，阪神・淡路大震災という，計り知れないストレスを経験した子どもに対する教師の実際のかかわりとして，①ゆったりと時がすぎるなかに子どもたちを置くことが重要と考え，子どもたちのようすを見守ることにとどめた，②話しかけてくる子には，うなずきながら話につきあった，③手持ちぶさたな子どもには3学期早々に作っていた図工のすごろく作品で遊んではどうかと誘い，ほかにも配布プリントの残りを使って，裏に鉛筆で絵を描いたりすることも勧めてみた，④クラスとしてはとにかく「あせらないこと」に気を配った，などの対応を報告している。

　このような報告からいえることは，非常に大きなストレスを被った子どもへの対応としては，見守ることを優先し，あわてたりあせったりせずに，まず冷静に対応するということが重要となる。キレという現象にも，背景にストレスが大きく関与している場合があり，このような方法も「キレ」に対する対応を考えるうえで，役立つことが多いであろう。

　以上，いくつかの理論（あるいは報告）を紹介したが，これらも参考にして，筆者なりに「キレ」に対応する際の留意点について考察すると，以下のようになる。その際，「キレ」が生じる状況を一般化して記述することには困難がともなうため，ここでは家庭や学校などの，ある程度，人間の統制が可能な状況に限定して述べることにする。道端や街中など不特定多数の人々が存在する状況で生じた場合には，別の対応を考えなければならないのは，当然である。また，対応は，「直後」（応急処置）と「その後」（ケア）に分けて考えるほうが現実的であると思われるので，この2つに分けて記述を行う。

2　「キレ」にいかに対応するか？

　まず，キレという現象を目の当たりにした「直後」の，周囲の人の対応の留意点について考えてみよう。

　第一に，「キレ」という行動に対して，周囲の者が同じように「キレる」という対応をしてしまうのは，最もまずい対応といえる。たとえば，暴力をふるう，物を壊すなどの行動に対して，これに対抗して，暴力や力で応戦するのは，火に油を注ぐようなものである。とにかく，冷静さが必要である。

　第二に，「冷静さ」が必要とはいっても，このような行動を，周囲の者が黙認したり，ただなだめすかしたりするのも，望ましい対応とはいえない。たとえば，暴力行為に対して，それが収まるまでそのままにしたり，機嫌とりに終始したりするのは，その行為を肯定することにつながってしまう可能性がある。その行動の「非」をきちんと説明しつつ，即座にやめさせる必要がある。

　第三に，制止をきかない場合にも，できる限り力で応ずることは避け，しばらくの間，辛抱強く説得を続ける必要がある。

　なお，その人がナイフなどの凶器を持っている場合は，人命の安全を第一に考えて，時にはかなり迅速な対応をしなければならないこともある。悠長に言葉かけなどをしていたのでは，取り返しがつかなくなってしまうからである。そのような場合には，すばやく近くにいる人たちを避難させつつ，凶器を奪うことを考えるなり，生命の危険を感じる時には，警察に連絡を入れる等の対応をとる必要もある。

　次に，キレという現象がひとまず収まった「その後」の，周囲の人の対応の留意点について考えてみる。

　第一に，現象として現れた行動に過度にとらわれるのではなく，その行動の本質を見きわめようとする姿勢が重要である。つまり，その人がなぜそのような行動をするに至ったのか，理由を考えてみるのである。

　第二に，上のような姿勢を維持しつつ，その人の話をよく聴いてみることである。その際，説教をするのではなく，とにかくその人の話をじっくり聴くという点が重要である。

　第三に，行動の改善を急ぎ過ぎないことである。いわば，改善には長い時間

が必要なことを覚悟したうえで，あわてずに取り組むことが重要である。場合によっては，専門家の援助（直接的な援助や助言など）を受けることを考えるのもよいであろう。

以上のように，「キレ」というような異常な状況に遭遇した際には，特に，周囲の人の冷静な対応が必要となる。また，大人が子どもにかかわる際には，このような場合でも，教育的な視点を見失ってはならないであろう。場合によっては，目の前の自らの危険を回避しつつ，教育的な対応をめざすという難しい対応が求められることもあろう。

「キレ」という場合には，これに力で応ずることはとりわけ危険であり，その行動の異様さに惑わされず，対話を中心とした理性的な対応を心がけることがいっそう重要と考えられる。

3 専門家の「キレ」への対応

先に，「場合によっては，専門家の援助を受けることを考えるのもよい」という内容の記述を行ったが，専門家の「キレ」に対する治療法には，どのようなものがあるのであろうか。特に，「キレ」に限定した治療法は見あたらないが，臨床心理学で使用されている代表的な心理療法について，次に記述してみたいと思う（より詳細な内容については，弘中ら，1999を参照のこと）。

まず，青少年を含む子どもに頻繁に利用される心理療法のひとつとして，遊戯療法があげられる。遊戯療法について，弘中（1999）は，「遊戯療法は，子どもを対象に遊びを媒介して行う心理療法である。子どもを対象とした心理療法は，ふつう遊びを通じて行うので，遊戯療法と子どもの心理療法は，実質的に同義であるといってもよい。ただし，ここで言う『遊び』とは，かなり広い意味の遊びであり，たとえば，絵を描くとか，粘土や工作なども遊びに含めて考えている。実際，遊戯療法では，チャンバラや人形遊び，あるいはゲームなどの遊び以外に，描画や粘土，箱庭などが臨機応変に取り入れられている」と述べている。

うまく言語化ができない子どもや，自分の内面を言葉にすることが難しい人などの場合には，このような「遊ぶ」という行為を通して治療を行うという方

法が開発されている。

　次に，言語化が可能な人や大人を対象とする場合には，一般の心理療法が利用される。その背景にある理論はじつに多様であるが，基本的に，言語を媒介として，その人の内面にアプローチするという方法である。なお，河合（2001）は，臨床心理学の援助について，①落ち着いて相手の話を聴くことが，援助のはじまりであることをよく自覚しておくべきである，②あくまで心の問題として時間と場所と料金の規定という守りのなかで会うことを，本来のものと自覚し，できる限り他のことをしない，という根本姿勢を保つことが大切である，③心理療法においては，時には原則を破らねばならないときが生じるが，無自覚にするのと，よく検討した上でするのとでは，同じことをしているようでも結果は異なる，などの留意点を指摘している。

　「キレ」に対する心理療法も，その例外ではなく，このような原則のもとにじっくりと治療が行われることになる。

　これら以外にもさまざまなアプローチが利用されるが，その中には，行動療法で用いられるリラクセーション法を利用したり，医師との連携により鎮静剤等の薬物を使用したりするようなことも考えられる。

　いずれにしても，専門家は，「キレ」の程度や内容，その原因などの吟味を行ったうえで，その治療法を選択していくことになる。

4　「キレ」への対応に原則はあるか？

　先に，「キレ」に対する対応の原則を提示したが，それを単にマニュアル的なものとして理解して適用しようとすると，時に失敗するという場合もでてくるであろう。人間の個人差とは，そのくらい大きいものがある。先の原則はあくまでも一般的なひとつの目安と考えて，現実場面に臨機応変に対応するという姿勢も常に忘れないでほしいと思う。また，「キレ」という現象が，見かけほど重篤な心の問題をともなっていないこともあるので，この点に留意することも重要なことであろう。

Column ⑯ キレと言語化

　人は，心の中のモヤモヤやストレスを言葉にして吐き出すことで解消する。誰かに愚痴を聞いてもらったり，日記という「自分との対話」のなかで解消したりという方法をとる。それは，言葉にすることで気持ちが整理できたり，文字にして客観視することでモヤモヤが明確化できるという「言語化」の効用である。

　ところが，思春期という時期には「自分に関することを語りたがらない」ことが多い。もちろん，電子メール上では絵文字を使って気持ちをじょうずに表現する者も増えているが，その一方で，面と向かって気持ちを伝えることが苦手だという指摘も多い。何か尋ねても，「別にー」「なんとなくー」で終わってしまい，言葉のキャッチボールが成立しない。では，子どもたちはどうしてナマの言葉で語ってくれないのだろうか。自分の気持ちは非常に複雑なので「それを表現する言葉をもたない」，あるいは「言葉なんかで表現できない」という場合がある。そしてその背景には，「大人なんかにわかってたまるか！」という反抗的な思いや，「言葉で表現しなくてもわかってよ！」という一種の甘えが潜んでいることも少なくない。さらには，言葉というかたちに熟成されるまで待ってくれる（話に耳を傾けてくれる）聞き手がいないという場合もあるだろう。

　そういった事情から，思春期の子どもたちは自分の気持ちをスムーズに「言語化」することができない。言語化されず「原型」のまま残されたストレスは，突破口を求めてますます活性化する。特に，ストレスをためておくための「心の貯水池」が小さい場合，すぐにあふれでてしまう。そしてそのストレスは，ひとつには「行動化（アクティング・アウト）」というかたちで表出されるが，これが「キレ」とよばれる現象である。「行動化」にも，攻撃が人に向かう場合（暴力行為や反抗など）と自分に向かう場合（自傷行為など）とがある。そしてもうひとつが「身体化」といわれる現象で，心身症などの病気になるというかたちで心の危険信号が点滅する。こう考えると，「行動化（キレ）」も「身体化」も，そこに子どもたちからのＳＯＳ（心からのメッセージ）を読み取ることが可能になろう。

　ただし，「行動化」であれ「身体化」であれ，未熟な表現形態であり，それらはリスクをともなうことが多い。できれば，悩みやストレスに言語というかたちを与え，じょうずにかつ安全に解消できることが望ましい。そのためにも，われわれ大人は，彼らの心の言葉にじっくり耳を傾ける時間と心の余裕をもちたいものである。

Column ⑰ キレの予防策としてのリラクセーション

　温泉にゆっくりつかったとき、全身の筋肉だけでなく、気持ちまでほぐれた経験はないだろうか。リラクセーションとは、筋肉を弛緩させることで緊張をほぐす方法である。心理学的方法としては、自律訓練法や漸進的弛緩法などがあげられる。近年、自分の心やからだの緊張に気づきにくい人が増えているという。そこで、自分の心やからだの状態への感受性を回復しながらリラクセーションの効果も得られる方法として、「フォーカシング（focusing）」（Gendlin, 1981）を紹介したい。

　フォーカシングは、からだの「感じ」（フェルト・センス）にふれる過程で、それまで気づかなかった自分の心の状態に気づく、自己受容がうながされる、などの効果がある心理療法である。悩みごとや葛藤に巻き込まれている人が、この方法を通じて一時的に葛藤を整理し、心が自由になるという意味で、リラクセーションの効果がある。では、やり方を簡単に紹介しよう（池見, 1995；近田・日笠, 1998）。①〈準備：居場所をみつける〉どこで、どのようにやりたいか？からだで感じながら、フォーカシングを行う場所を探そう。リラックスできると感じられる場所であれば、椅子でも床でもよい。②〈からだの感じを聴く〉準備ができたと感じられたら、今自分のからだはどんな感じがするか、順に進める。足先や手など、からだの周辺部分から、おなかなどからだの内側、つまり中心部分に向かって、じっくり「感じ」を味わう。③〈気がかりへの対応〉もし気がかりな事柄が浮かんだら、そのときのからだの状態を感じる。無理に分析したり「こう考えてはいけない」と否定せず、「あぁ、こんな感じがあるんだな」と、一つひとつを大切に認める。また、いつか必要があったときに、その「感じ」に戻ることができるように、目印としてしっくりくる名前（〜な感じ）をつける。④〈クリアリング・ア・スペース〉その「感じ」を、イメージの中で横に置いたり、どこかにしまっておけるだろうか。楽になったり、しっくりくる場所を探す。ひとつ置き所が決まったら、ほかに「気がかり」な事柄があるか感じてみて、同じように置き所を探す作業（③、④）を繰り返す。⑤〈終わりにする〉気がかりをすべて置くことができたか、自分の内側に問いかける。終わることができると感じたら、自分の内側に「また来るよ」と挨拶をして終わりにする。

　以上が1セッションである。ストレスを感じたときなどに、行えばよい。

第2節

さまざまな「キレ」への対応

1 器物損壊への対応

　対教師暴力や器物損壊といった攻撃的な問題行動が頻発し始めると，教師はその問題に対応することのみを「生徒指導」であると考えるようになる。なぜなら，その生徒ひとり，その問題ひとつが学校の雰囲気を変えてしまうほどの影響力をもっているからである。このような事態を未然に防ぐために，教師は信頼関係の構築や継続的な指導の必要性を痛感している。しかし，それを実行するための時間的余裕がないのが現在の学校の実状である。したがって，表面化した問題行動に対して学校の総力をあげて対処するという，事後指導に終始せざるをえないのが常である。このような葛藤を抱えながらの学校現場の実践事例を提示して，器物損壊を行うキレる中学生への対応策を模索してみたい。

1──事例の紹介

【事例1】中学1年　A男

　A男は，父親（会社員）・姉（高校3年生）と暮らしている。母親は病弱で入退院を繰り返し，A男が小学2年の冬病没した。そのころより，いたずらをしては周囲をよく困らせた。父親は仕事で遠方に出かけることが多く，姉も学業とアルバイトのため，家ではひとりで過ごすことが多かった。小学校からは，「希薄な母子関係のさびしさに由来すると思われる粗暴な言動がめだつ。人にやさしい児童であるが，神経過敏なところも見受けられる」という内容の申し送りを受けていた。

[問題の経過]

　A男は，中学校入学当初，生活面の乱れはみられず，学習にもまじめに取り組んでい

た。笑顔を見せることは少なく，やや緊張した面持ちがみられた。5月，小学校時代のA男の行動が同級生の間で話題となり，そのことでクラスの生徒2人とつかみ合いのケンカとなる。A男は引き離そうとしたM教諭の膝を蹴り，背中を突き飛ばして逃走。トイレのドアを蹴り破った後，工作室で暴れ，手あたりしだい器具を壊した。急を聞きつけた教師6人の追走を振り切り，冷水器・水槽・廊下清掃用具ロッカー等次々に壊し，ほうきで廊下窓ガラスを何枚も割った。奇声と激しい物音で学校全体が一時パニック状態になる。A男は校門付近でようやく取り押さえられ，校長室にて担任・学年総務・生活指導担当・教頭・校長が指導にあたる。連絡を受け駆けつけた父親とともに，泣きながら謝罪した後，下校した。翌日，髪を染め，眉を剃り落とし，赤シャツ・赤いシューズ・制服の前ボタン全開という派手ないでたちで，ガムを噛みながら遅刻して登校した。授業中のM教諭が，大声を上げて入室するA男を制止しようとしたところ，M教諭のネクタイに手をかけ顔面に唾を吐きかけた。学級委員長が職員室に通報，数人の教師が取り囲むが，2人の教師を殴って逃走。消火栓をこじ開け，ホースを取り出し，多量の水をまいて廊下は水浸しとなる。その後，授業中の美術室に乱入。教卓に置いてあったドライバーを持ち出し，教室の窓ガラスを割ったり，壁に穴を開けながら体育館へ。体育館の天井めがけてドライバーを投げつけ，電球を割る。パイプ椅子2脚を運動場に向かって放り投げたところで取り押さえられ，前日と同様校長室で指導される。父親に連絡をしたが，「本人のしたことだから」と来校しなかった。担任が夜遅く家庭訪問をしたが，結局父親には会えなかった。この日より連日激しい授業妨害や器物損壊が続くこととなった。学校側は生徒指導部を中心に話し合いを重ね，対応策を打ち出すが，あまりの激しさに事後処理だけで精一杯であった。以後，器物損壊を中心とした逸脱行動は学内から学外・他校へと拡大し警察に補導されるなど，エスカレートしていった。

[対応と考察]
　小学校からの情報は連絡会を通して事前にかなり入手できており，中学校側の受け入れ体制は，ほぼ万全と思われたが，A男の行動は教師の予想をはるかに超えるものであった。A男に対しては多大な時間と労力を費やし，文字通り「体を張った指導」がなされた。しかし，保護者の養育能力や指導力の弱さを教師の力だけで補うことには無理があった。学校としては，関係他機関との連携も試みたが，そこには，「保護者の養育姿勢の指導を最優先する」という考え方や「器物損壊に対しての指導のみ行う」という姿勢が壁となって立ちはだかった。その指導観，対応姿勢では，本ケースのような，そもそも家庭や保護者の協力が期待できない状況では，解決の方途が見えてこなかったのである。そこで教師側には「自力で何とかしなければ」「事態を抑えなければ」という強迫観念が生まれ，校内だけの対応にしがみつかなければならない状態になった。指導の実際をふり返ると，A男には「叱る」という同一の指導しかなされていなかったのである。ここで試みなければならなかったのは「役割分担」である。つまり，担任のみならず，学年総務・生活指導担当・養護教諭・管理職という教師間の役割の明確化とその合意が必要であった。学校全体でかかわったにもかかわらず，「叱る」「指導する」という

一面的な力の指導をほとんどの教師が行ってしまったことに悔いが残る。校内で心の安定を図るという役割を担う養護教諭さえも，その体制と一体化し，A男の居場所，心を開く場所が得られなかった。学校は子どもの教育の場であるとともに，生活の場でもある。そもそも，いろいろな機能とそれを担う人（援助資源）がいて当然であろう。それぞれのスタッフの持ち分と力量を認め合い，懐の広い指導援助態勢の構築が望まれる。

【事例2】中学3年　B男

　B男は，父親（自営業）・母親（パート）・兄（高校中退）・妹（幼稚園年少）との5人家族である。両親が20歳前後の時に出生。B男が小学3年の時，両親が離婚し，母親・兄と母子寮で生活する。小学6年の時災害に遭遇し，母子寮が全壊したため現在の住まいに転居した。それを契機に両親が再縁し妹ができる。父親は感情の起伏が激しく，酒を飲んでは暴力をふるい，以前暴力団とつきあいがあったことをよく自慢した。妹をかわいがるのが，B男には不満であった。母親は，経済的にも精神的にも耐えることの多い生活であり，時折気持ちが苛立ち，B男に物を投げつけ，どなることがあった。

[問題の経過]

　B男は，中学校入学前よりその中学校の事情をよく知っており，兄の友人たちとも深い交友関係があった。兄は時折教師の指導に従わなかったが，対教師暴力や器物損壊をするまでには至らなかった。B男は登校すると兄（当時中学3年）の教室に出入りし，自分の教室にもどることをいやがった。そのうち保健室や相談室など，居心地のよい場所に好んで現れ，一日の大半を過ごすようになった。中学1年時は特に大きな教師反抗やトラブルはなく，服装や生活面でもめだつほうではなかった。中学2年に進級した始業式，列からはみ出すB男を指導しようとした担任に，いきなり平手打ちをくらわす。倒れる担任を足で蹴り，顔面と腹部にケガを負わせた（のちに，被害届を提出）。学年総務や校長の指導にも，「言い方が気にくわん！」といって横柄な態度を崩さなかった。学校からの連絡で両親が来校。父親は教師数人の見るなか，顔面が血だらけになるほどB男を殴り，「原因は俺にある」と頭を下げた。B男はそのようすを睨みつけるように歯をくいしばって見ていた。その後しばらく平穏な生活が続いたが，野外活動の班決めの折，隣席の生徒の頭に鉛筆の先を突きつけけがを負わせた。驚いた担任がB男を諫めようとしたところ，3階の教室の窓から外に向かって椅子を放り投げ，窓ガラスが散乱し，大騒ぎとなる。隣のクラス担任のP教諭と巡視中の学年生活指導担当のR教諭が制止しようとしたが，教卓の中にあったはさみをR教諭の首に突きつけ，罵声を浴びせながら威嚇した。R教諭が果敢にも「やってみろ！」と返したところ，持っていたはさみを黒板めがけて投げつけ，1階職員室に駆け下りていった。職員室に入るやいなや机上のパソコンを床に落とし，プリント類や事務用品を手あたりしだい投げつけ，机上を走り回って奇声を上げる。職員室は手の施しようもないほど物が散乱，電話やファックスなどもすべて壊れた。校長の指示により，警察に通報。駆けつけた警官と教師3人に取り押さえられる。警察にて事情聴取後，学校に父親とともに謝罪に訪れた。父親は校長室のテーブルに右手をのせ，小刀を取り出して「小指を落としてくれ」と校長に詰め寄った。

校長が「落ち着いて話し合いましょう」と返したため、父親は涙ぐんでうなずいた。B男はそのかたわらで薄笑いを浮かべていた。2日後、遅刻を指導しようとしたN教諭ともみ合いになるが、なんとか沈静。しかし喫煙・校内徘徊・爆竹等による授業妨害が続く。「学校は俺が壊した物をおやじに弁償しろと脅している」と校長室にチェーンを振り回しながら乱入。校長室の額縁等備品を粉々にする。制止を振り切り校外に逃走。しばらくしてバイクで再び登校し、爆音を響かせて校舎内を走り回る。運動場で爆竹を鳴らし、花火を打ち上げ、堂々と喫煙。「おやじを呼んでこい！」と大声を上げる。両親に連絡したが、父親は体調が悪く、母親は仕事を抜けられないと来校を拒否した。教師からそれを聞いたB男は、再び爆音を響かせて運動場を走り回り帰っていった。その後行方不明となる（昼はゲームセンター、夜は友人宅を泊まり歩いていたもよう）。10日後、久しぶりに登校したB男は、女性教諭から「学校へ何しに来るの？」「勉強しないなら来なくてよい」と言われ、教諭の左頬を殴り強引に入室しようとした。そこでR教諭に「また暴れにきたんか」といわれ逆上。素手で廊下の窓ガラスを割った。切れて血のしたたる手をかざして授業中の隣のクラスに乱入、騒然となる。「俺が死んだらお前ら先公のせいやからな！」と激昂し、女生徒の白いブラウスに血をなすりつけながら帰っていった。担任が家庭訪問したが行方がわからなかった。この事件以降、登校する日が激減し、校外で見かける日が多くなる（後に父親がB男の人相が変わるほど殴ったことがわかる）。無断外泊が続き、卒業した兄が中学校に相談に来たほどであった。

[対応と考察]

　B男はこのような問題を起こす予兆はあったものの、兄が中学校を卒業したと同時に態度が一変し、激しい攻撃性を見せるようになった。学校は、当初、その原因を、威圧的な父親への報復ととらえ、まずB男と父親との関係を修復しようとする方針を立てた。担任・学年総務・生活指導担当・校長による父親との話し合いの機会をいく度となくつくり、家族関係の調整を図ろうとした。しかし、B男の激しい行動は容易に収まらなかった。そこで次に、B男本人の気持ちを十分に吐露できるようにB男への女性相談員のかかわりを開始した。相談員は、家庭訪問を行ったり、校外での生活にもしっかりかかわるよう心がけ、しだいに信頼関係をつくっていった。また、教師の言葉かけの重要性を再認識する必要があるということで、職員研修をもち、B男の理解に全職員が前向きに取り組んだ。半年の後、落ち着きを取り戻したB男は、再び毎日登校するようになり、相談室で学習や軽作業ができるようになった。卒業式には両親が揃って謝辞を述べ、B男はそのようすを見て大泣きした。

2──対応のための視点

　2001（平成13）年4月の文部科学省の「少年の問題行動等に関する調査研究協力者会議」答申（「心と行動のネットワーク─心のサインを見逃すな，「情報連携」から「行動連携」へ─」）では，児童・生徒の問題行動の背景や要

因を大きく次のようにまとめている。
　ⓐ社会性や対人関係能力が十分身についていない児童・生徒の状況。
　ⓑ基本的な生活習慣や倫理観等が十分しつけられていない家庭の状況。
　ⓒ生徒指導体制が十分機能していない学校の状況。
　ⓓ大人の規範意識の低下や子どもを取り巻く環境の悪化が進む社会全体の状況。

公教育を担う学校関係者にとって，ⓒはまさに学校内部の課題であるが，ⓐ，ⓑ，ⓓの要因には無力感を覚えさせられることが多い。ここで取り上げた事例にも，この3つの要因が色濃く介在している。ⓐⓑⓓの示すような社会的状況，教育環境のなかで，コワれそうな学校，キレそうな教師たちの苦悩の姿のレポートと読むこともできる。生徒のキレる心のしくみは，次のように考えられる。

(a) キレについて

内的緊張や感情の行動化による処理は，対処スキルもしくは自我防衛としては，原始的で未熟な段階の方法であり，言語によるケンカ，自己主張等による問題解決は，高次のスキルに相当する。キレるという行為は，発達的には自我の退行を意味する。

一度氾濫した河岸は，次の洪水のときには崩れやすくなり，水はそちらに流れ込みやすい。自我も，一度崩れる（退行する）ともとに戻るのに時間がかかる。子どもの抱えている心の問題によっては，そのままその段階に固着する場合もある。水が低い方向に流れるように，発達的に低次な言動は起こりやすい。つまり，キレやすくなる。年齢相応段階への回帰には，相当のエネルギーと時間が必要である。

また，この回帰を長引かせる要因として，キレにともなう行為が，周囲の反応によって強化されることがあげられる。つまり，それが，生徒のある種のヒロイズムや万能感を満たす方向に作用することがある。間近で生徒のキレる瞬間に出会うならば，人格が変わる様をまざまざと見て取ることができる。キレた生徒の顔に，解き放たれたような開放感と，ゲームの中のヒーロー（ヒロイン）になったかのような陶酔，万能の眼差しを垣間見ることがある。

(b) 対応について

　はじめの事例（A男）は失敗事例である。学校としては悔やまれることがとても多く，反省課題を含んでいる。学校として貴重な体験であり，多くのことを学んだ事例であった。

　二つ目の事例（B男）は，成功した事例の典型といってよいと思うが，うまく指導援助できた理由についてふれておきたい。その理由は無論単一ではない。うまくいく事例には，本事例の相談員のような，親と子，教師と生徒，学校と家庭をつなぐ機能を担う人が登場するように思われる。

　通常の中学生の「現実」からかけ離れ，"バカして"遊ぶ子どもや英雄を気取りテロリストもどきの破壊に快感を覚えている子どもに対して，正面から相手をしてくれる人などまずいない。誰にも理解されない，やり場のない悔しさと怒り，自分も他人も，嫌いな人も好きな人も破壊し燃え尽くすような業火の中で，差し出されたひとりの人の手，その手を子どもが握った時から，業火は鎮まり始めるのではないか。この子どもたちを癒すには，多くの人より，彼らが失ってしまった，愛と信頼を託せる対象となることのできる，誰かが必要なのではないか。ややもすると，熱血先生が揶揄される現代ではあるが，この事例は，あらためて，教師と生徒の心のふれあいが教育の原点であることを痛感させてくれた。

　冒頭に書いたように，今日の学校には，学校関係者一人ひとりのもつ教育への情熱や生徒への教育愛を実現するのには難しいという状況がある。だが，その中でも，これだけの実践ができたのはなぜだろうか。当の相談者におうかがいしたところ，「"ワル"はとてもおもしろいですよ」という返事。教師暴力，器物破壊，学級崩壊，さんざん苦労させられても，"ワル"がおもしろいと言えるのは，子どもの心の"悪"の部分への関心と子どもと遊ぶことの愉しさを知っている方だからではないかと思われる。

2　青少年どうしの暴力への対応

1――暴力的な子どもをどうみるか

　暴力的な子どもをどう理解していくかは，それへの対応や指導を展開してい

くうえでとても大切である。個々の対応・指導にはいろいろなことが考えられるが、「暴力的な子ども」に対する基本的な理解をしっかりしておかないと、その対応は場当たり的になり、その子の自立につながっていかない。

子どもが暴力をふるったり、キレたりするというのは、幼児期からの人間関係の学習（体験）をとおして、怒りや不満など人間が誰でも内在的にもっている攻撃性（衝動）を抑制する社会性を身につけてこなかったことがあげられる。また、親や教師からの虐待や体罰など子どもに加えられた抑圧により、子どもが本来もっている基本的な欲求が満たされてこなかったことも、もうひとつの要因としてあげられる。

子どもたちが「暴力」に走ったり、「キレ」たりするというのは、結局「存在」の安定性（自己の肯定的存在感）が、なにか外側の力により奪われているということにほかならない。家族の中にやすらぎや親密さが減少し、ありのままの自分でいられる居場所としての家庭の機能が失われつつあること、親の期待による子どもの囲い込みが広がり、子ども自身が自分の人生を歩んでいくことが阻害されていることなどが、「暴力」を生み出す背景にある。大人が用意し、大人が与え、指導し、そのレールの上を走らされている子どもから、子ども本来の成長や自己肯定感が奪われていくのは当然でもある。また、保護や愛も、生きていくうえで必要な「しつけ」も与えられないでいる子どもも、増加している。「食べること」「寝ること」すら保障されない子どもや、虐待される子どもたちもいる。学校もまた、子どもたちに夢と希望を与えるものではなく、むしろ敵対的・排他的競争に駆り立てる傾向が強く、学習の共同化や共同の生活は解体され、学びの崩壊が進んでいるといっても過言ではない。子どもたちを保護の対象から、大人の利益追求の対象にしてしまっている「なんでもあり」の現代消費社会がそれに拍車をかけている。

考えてみれば、子どもたちの「暴力」という行為は、こうした社会に向かっての生きがたさ（社会に対する違和感）の表れであり、抵抗の行為ともみてとれる。

以下、学校における青少年どうしの暴力への対応について、そのポイントを述べよう。

2 ──どんな対応・指導が求められるか

(a)「暴力」という現実を受け入れる─子どもとの関係をつくる─

　近年，暴力行為を行ったにもかかわらず，それ自体を否定しつづける子どもがみられる。このような子どもの拒否にあうと，その対応は大きく2つに分かれる。

　ひとつは，そうした子どもの拒否反応に対して強権的・権力的にねじふせ，暴力の事実を子どもに認めさせ，その責任をとらせようとするものである。こうした「指導・対応」は，子どもを納得させることができず，指導する側と子どもとの対立は拡大するばかりである。結局どちらかが暴力におよぶことになり，事態はいっそう悪化していく。その結果，指導する側は，その子どもを見捨て，子どもの側からも見捨てられることになる。

　こうした対応は，暴力行為だけを問題にしているのであって，その意味，つまり「社会に向かっての生きがたさの表れ」としての子どもの叫びを問うてはいない。

　これに対して，いまひとつは，「暴力行為」が他者の権利を「侵した」という事実を指摘し，暴力行為そのものは受け入れられないことを伝えるが，「暴力行為をしても，なおあなたの存在は認める」という関係をつくっていく対応である。このような対応については，まわりから子どもに甘いのではないかと非難されたり，暴力に屈したのではないかとみなされる可能性がある。しかし，強権的にねじふせその責任をとらせることよりも，子どもが暴力をとおして訴えようとしていることに耳を傾けるというスタンスをもつことこそ大切であろう。こうした対応を通じて，暴力をふるう子どもも受け入れ，子どもの言い分を聞き取っていく。

　暴力をふるう子どもたちの大人や教師に対する不信は根深いものがある。それを解きほぐし，言い分を語ってくれるまでには時間がかかる。その間も次々と暴力を起こしたりするが，こうした指導・対応のなかで子どもとの関係性をつくっていくという教育的な視点をもつ必要がある。

　暴力という行為でしか苛立ちを表現できない自分を大人にきちんと受けとめてほしいと，心のどこかで子どもたちは本質的に願っている。それができる大人かどうか，彼らは暴力という行為で大人を試しているという面もある。

(b) 体験（要求）を言語化させ，自分と向き合わせる関係をつくる

こうしたスタンスを基本にして子どもを受け入れていくとき，子どももまた大人（教師）を受け入れ，暴力行為の裏側に隠された今までの彼の人生を言葉でとぎれとぎれに語り始める。

彼らの語りの中には，大人への理不尽とも思える非難や中傷に満ちたものも多い。それに対して，大人（教師）は「それは事実に反する」とか「そんな言い訳はしてはいけない」といった反論をしたくなるが，それは慎むべきである。何が「正しく」，何が「正しくない」かを，この場合，重要視してはならない。とにかく言いたいことをさえぎらずに，最後まで言わせ，耳を傾けるのである。たとえ彼の記憶が正しくなくて，明らかに事実誤認があったとしても，彼がどのような思いで苦しんできたのかを，まず丁寧に聞き取ることに意味がある。本人が最後の言葉を言い終わるまで，じっと聞き役に回り続けること，そうすることで，彼が「自分の気持ちを聞いてもらえた」と感じることが大切である。子どもは自ら語りながら，自分の心に耳を傾け，自分の心と対話しながら生きていこうとする。自己の行為を語ることにより「自己」と向き合うようにさせ，「自己」を乗り越えるように励ますのである。そして，この時に至ってはじめて，暴力行為そのものの意味を問うことが可能になる。

子どもの語りの聞き取りを通じて，大人（教師）に求められることは，さまざまな被害や受難にさらされながらも，ここまで語った子どもに理解を示すことである。ここでの理解とは，その子どもが暴力の加害者となるプロセスと心情について洞察することである。つまり，彼らの「暴力」が「加害としての暴力」であるというより「救いを求める暴力」という面もあり，本当の自分を取り戻すための行為であったという場合さえ見えてくるのである。それが見えてきたとき，その子どもをまるごと受け入れられ，理解することが可能となるのである。

これはまた，暴力を受けた「被害者」の子どもとの関係づくりについても同じであり，大人や教師の支援を受けて子どもが被害の事実の声をあげて，暴力を受けたことを告白することができるようにするのである。

(c) 暴力の問題をどのように集団の問題にしていくか

教育現場においては，暴力が生じた際，まわりの子どもたちの指導をどうし

ていくかということが，もうひとつの重要な問題である。つまり，暴力的な子どもをどう受けとめ，暴力という問題をどう考え，その子どもとどのような関係をつくっていくのかを指導していく必要がある。それは，子どもたちが話し合いや討議を通じて，暴力的な関係を越えて対等・平等な関係を築きあげていくことにほかならない。

　話し合いや討議は，通常，被害を受けた子どもの訴えから始まるが，現実には子どもどうしの話し合いや討議はなかなか成立しにくい。なぜなら，大人や教師の支援を受けて子どもが被害の事実を訴えることはあっても，それがまわりの子どもたちに受け入れられないことが多いからである。「チクッた」と冷ややかにされたり，無視されたりするのである。また，「そんなにまじめに考える必要はない」と笑い者にされたりする。あるいは，話し合いのテーマとして取り上げられたとしても，その話し合いは対等・平等に行われず，力のあるもの（強者）の一方的な主張で話し合いが進んでしまう場合がある。その結果，暴力を乗り越えるどころかますますエスカレートし，子どもたちのなかに発言することへの恐れをつくりだしてしまうのである。

　こうした事態を乗り越えていくには，大人や教師の支援を前提にして，子どもたち自身が自分たちで対等・平等な関係を築きだすような話し合いと討議をしていくことが重要である。つまり，大人や教師は支援や指導はできるが，本質的には，それをつくりだしていくのは，子ども自身である。

　そこで大人や教師は，「加害者」の子どもと「被害者」の子ども，そして「まわりの子ども」たちも含めて対話や話し合いを行っていくことが望ましい。それが暴力をふるう子どもの背景にあるものや彼の苦悩を共感的に読み解きながら，暴力という行為は受け入れられないが，その人の存在は受け入れること，したがって，その人が暴力をふるいそうになったらみんなで「やめる」ように要求することなどを，話し合いや討議を通して明らかにしていくのである。

　こうした話し合いのなかで，子どもたちの関係を暴力的な関係から対等・平等な関係へとつくり直していくのである。それは，一人ひとりが人間として尊重される社会をつくりあげていくための基礎的な学習の機会（体験）ともいえる。

(d) 日々の具体的な問題を話し合いと討議の場に

　そうだとすれば大人や教師は，日々の子どもたちの具体的な問題を取り出し，

その問題を生み出している子どもたちの関係性を，子どもたちとともに読み解いていくような話し合いや討議をふだんからやっていく必要がある。子どもたちの日常生活のなかに，暴力的な関係性が潜んでいる現実のなかでは，とりわけ必要なことである。その際，日常の何気ない問題を全体の話し合いの場に提起するだけでなく，さまざまなグループのなかにその問題を投げかけ，話し合いを進めていく必要がある。

また，暴力を受けた人の苦しみと悲しみを自分のこととしてとらえられる子どもたち，平和を追求する子どもたちを育んでいくのである。

(e) 関係機関との連携をどうするか

暴力問題が広がりをみせるなかで，学校現場では「警察との連携」という名のもとに，暴力的な子どもを学校現場から切り捨て，排除しようとする傾向が強まっている。しかし，葛藤し，苦悩し，暴力をふるうことでしか自分を表現できない子どもに対して，「暴力行為」の責任を問うだけではその子の自立にはつながらない。ましてや自らの教育を放棄して「警察との連携」を図ることなどは論外であろう。

その一方で「教育的配慮」や「受容・共感」の名のもとに「警察との連携」をまったく受け入れないという状況も見受けられる。その結果，学校全体が無秩序な状況になってしまう例も少なくない。そのような子どもが，卒業後にもっと大きな暴力事件を引き起こしているという例もある。

大人や教師に求められるのは，どこまでを受け入れるのかという枠組みの論議であり，その論議のなかで警察や家庭裁判所の力を借りなければならないときもある。ただ，そのような場合でも子どもの立場にたった対応，たとえば教師が付き添い人になるなど，学校が指導の責任をもつという姿勢が必要である。

子どもの「最善の利益」という観点から，受容の枠組みの論議をするとともに，関係機関との「教育的連携」のあり方について，教師や大人はきちんと論議する必要がある。

3 対教師暴力への対応

いずれも現任校での体験ではないが，高等学校で筆者自身が出会った身近な

事例をいくつかあげる。プライバシーにかかわる部分は人物の特徴を変え，また，性別はあえて示さない。

1── 自分の気持ちを言葉にできずに暴言を吐いていたA

　入学式での呼名の際に，クラスでただひとり返事がなかったのがAであった。表情もかたく，教室へ入ってもクラスメートと言葉も交わさずぽつねんとしているのが印象的だった。翌日から，連日の遅刻が始まった。自分のほうから遅刻の事情を話そうと近寄ってくる日と，こちらから事情を聞こうとしても黙ってにらむような目をしている日があった。事情を話そうとしているときも，話の内容にまとまりがなく現実的とは思えない理由を断片的に話すので，結局事情は飲み込めないということになった。話そうとしない日には機嫌が悪く，たたみかけて問う筆者に対して暴言を吐くことが多かった。友人もできたが，友人との会話が続かず，冗談を言って笑わせることはあっても脈絡のない話をするので，友人には「Aは何を言いたいのかわからない」という印象をもたれることが多かった。

　1学年当初，Aは頻繁に暴言を口にした。それはあたかも「慣れない環境で，どう対処したらいいのかわからなくて苦しいんだ」と訴えかけてくるような暴言であると感じられた。Aが育ったのは，マスコミの世界で活躍する父，優秀な兄，軽い障害をもちながらも明るくがんばっている妹，教育熱心な母という，外から見ると幸せな家庭だった。家族の他のメンバーが一生懸命生きて自分なりの力を発揮しているなかで，Aは取り残されているように感じてきたのか。がんばっている家族に，弱音を口にすることが難しかったのか。そのかわりに，暴言を吐いているのか。

　Aが暴言を口にするとき，本当は何を訴えたいのか，どのような援助を求めているのかを筆者は懸命にさぐるようになった。さぐってみると，Aの求めている援助は，そんなに大げさなものではなかった。日程がわからない，掲示物の読み方がわからないという程度であり，場合によっては，ただ自分の話を聞いてほしいということも多かった。筆者は，Aの言葉ではなくてAの訴えてくる気持ちに耳を傾けるようになった。また，Aを安心させたいと願い，できるだけ穏やかな声で，時にはAの肩に軽くふれながら応答するようになった。し

だいにAの言葉は暴言ではなく冗談まじりの断片的な話が多くなり，さらに脈絡のつく理路整然とした話へと，ゆっくりとではあるが確実に変化していった。同じ時期に，Aの両親は家庭でのAとの会話の機会がそれまで少なかったという反省をしており，家庭で努めてAの話をゆっくり聞く時間をとるようにするようになった。そして，3年生になるころには家族とも友人とも穏やかに，意味のまとまりのある会話をするようになっていたのである。

　先に「Aの求めている援助は，そんなに大袈裟なものではなかった」と書いたが，これは援助をする側から見てのことであっただろう。学校生活を流れに遅れずにこなしていくためには，日程がわからなかったり，掲示物の内容がわかりづらいことは相当な打撃である。このようなとき，生徒はストレスにさらされているといえる。慣れない環境でストレスにさらされて一種の危機状態に陥ったとき，家族のなかで援助を求める機会をうまくとらえれらなかった，つまり弱音を吐く訓練をしてこなかったAが，クラスメートに気軽に援助を求めることもできず，本当は援助を求めたい相手である担任に向かって暴言というかたちで「助けてほしい」という気持ちを表していたのだと思える。

　また，学校と家庭でのAのようすを連絡しあうなかで自然とAに対する大人の対応が一致したことが，Aの成長を速めたと思われる。

❷──自分の存在をアピールする方法がわからずに攻撃性を示したB

　Bは，いわゆる「けんかっ早い」生徒だった。1学年では，生徒どうしの小競り合いを引き起こし，相手を傷つけ自分もケガをするということがよくあった。2学年で筆者の担任するクラスの一員となった。

　新しいクラスが始まって間もないある日，朝のホームルームで席替えを行ったが，Bはたまたま登校時に負った傷の手当てのため保健室に寄っていて教室にはいなかった。Bが手当てを終えて教室に戻ったとき，他の生徒はすでにクジを引き終わっていて，Bの座席は自動的に残った席に決まってしまっていた。その事態を見てBは，怒鳴り散らして不満をあらわにした。筆者は「教室にいなかったあなたが悪いのではないか」と小言を口にした。そして，Bに近づいた。Bは怒りの表情のまま，金属製のゴミ箱を筆者の方向へ蹴った。そして，自分のカバンをつかみ教室から出て行った。筆者は，大声で「逃げるのか」と

言いながらあとを追ったが，Bも大声で暴言を口にしながら昇降口のほうへ足早に歩いて行ってしまった。

　朝であるのに帰ろうとしているBのようすがおかしいと感じた他の教員が，Bを呼び止めて事情を聞き，相談室で話をして落ち着かせてくれたと聞いて心から感謝した。私が相談室に入って行ったとき，Bは反省しているようすであった。しかし，反省すべきであるのは筆者のほうであった。そもそも，その場にいない生徒が自分の不在の間に席替えが行われることを納得していない状態で，席替えをするべきではなかったのである。さらに，Bがゴミ箱をこちらへ蹴ったとき，ゴミ箱は筆者にまで届かないだろうと感じていた。筆者を傷つけるのはBの本意ではないということは筆者自身わかっていた。であるのに，なぜ，あのような決まり文句で叱責をしてしまったのか。Bは，自分のいない間に座席が決められてしまって，クラスから仲間はずれにされた，つまりクラスの中での自分の存在が無視されたと感じたから，その悲しさで暴言を吐いたのだと思う。このことは，あのホームルーム時に，筆者自身すでに感じ取っていたことであり，あの叱責の前に一呼吸入れる余裕をつくれていたら，無用に叱らずにBの気持ちをくみ取ることができたはずであった。「私も反省している」とBに告げた。

　家庭では，Bには病気がちの弟と年の離れたまだ幼い2人の弟がいた。Bはすぐ下の弟とも激しいケンカをしたことがあった。母はどの子どもにも愛情深く接して育てていたが，Bは一番上の子どもということで，甘えて母の愛情を独占したいという気持ちがあっても，その気持ちをがまんして「しっかり」やってきたようだ。甘えたい気持ちを無理してがまんしてきたために，自分の存在をアピールしたい気持ちが十分満たされないままに育ってきてしまったようだった。筆者はその気持ちを満たすために学校でできる可能性があるのはどんなことだろうと考えて，クラスのリーダーをしてもらうことにした。Bは，攻撃性と衝動的な行動がめだってはいたが，もともと明るいムードをつくることができる人間的な魅力をもっていた。Bの魅力を理解したうえで，理性的に判断して忠告することのできる生徒を副リーダーとして，Bを補佐してもらった。

　この2人のリーダーのもとでクラスはさまざまな行事を協力して行うことができた。学級が，それぞれの生徒の個性と存在感が際立ち，お互いを認め合う

あたたかいクラスとして成長するのと並行して、Bもリーダーとして成長し、攻撃性や衝動性は影を潜めていった。Bは趣味である音楽活動にも力を注ぎ、進路に向けても粘り強く努力するなど落ち着いて自分自身の課題をこなしていくようになった。

③——暴力をふるう父親のもとで育ったC

　Cは1年生のころはきちんと予習をしてくる明るい生徒だった。ノートにきっちりと予習をしてきては、誇らしげに見せてくれることがよくあった。教科以外のことでもなにかと筆者に話しかけてきた。熱心で愛らしい生徒であったのである。

　そのCが、2年生になるといつの間にかまともに授業を聞かなくなっていた。授業中に教科書も出さず、漫画の本を平然と開いているようになっていたのである。この変化は、うかつなことに筆者にとっては、文字どおり「いつの間にか」起きていた変化であった。Cの変化のきざしを見過ごし、変化の結果だけに注目してしまったのである。Cの変わり果てた授業態度に気づいた筆者は、Cの態度をなんとかもとに戻そうと焦った。他の生徒の手前、叱らずにはいられないと考えた。そして、まず、口頭で「Cさん、漫画の本をしまいなさい」と注意したが、まったく聞き入れるようすがみられない。著者は、いっそう焦ってしまい、いきなりCに近づき読んでいた漫画の本を取り上げたのである。そして、「だめだよ」と言いながら、思わず、軽くではあるが、Cの頭をポンとはたいたのである。

　筆者としては、それまでのCとの親しい関係のうえで注意をし、軽く手を出したつもりであった。しかし、Cは突然立ち上がると、筆者のほほをたたいたのである。痛みを感じない程度のたたきかたであったが、筆者ばかりでなくC自身も驚いたようであった。さらに驚いたのは、それを見ていた他の生徒たちであった。クラス全体が重い沈黙に包まれた。

　授業を終了して、一応の報告としてCの担任に事実経過を伝えた。筆者としては、その後時間をかけてCとの関係を修復し、指導を継続していくつもりだった。教師が先に手を出しているのであるから、同じように手を出してきたとしても、一方的にCが悪いと判断されるはずはないと思い込んでいた。ところ

が，その後に待ち受けていたのは，筆者が想像もしなかったような大騒ぎであった。「生徒が先生をたたいた」という結果だけが学校内で大きな問題として取り上げられ，事情の説明も十分行えず，Ｃとも会えない状態で，父親がＣの退学を申し出て学校はそれを受理した。

　すべての結果が出てしまってからＣとの面接が許された。その際にＣから，日常的に父親から暴力を受けていたこと，その結果たたかれると反射的にたたき返してしまうことを初めて聞いた。そのような事情を知らなかったといっても言い訳できないほどのいたましい結果だった。Ｃは，家庭の状況によって傷つき，そのなかで身につけた自分を守る反射的な行動で再び傷ついてしまった。Ｃの将来を傷つけるのに大きく加担したのが教師である筆者であった。

　この時の筆者には，生徒の事情は一人ひとり大きく異なっているのであるから常にクラス全体に同一のレベルの行動をとらせようとしても無理があるのだという，教師として当然もっているべき視点が欠けていた。このために「授業態度」という切り取られた一点から生徒を見て，他の生徒と同調させようということに意識が集中してしまい，Ｃ個人がどのような事情で態度を変化させていったのかという側面に気がまわっていなかった。また，Ｃとのかかわりのなかで痛みとともに思い知ったのは，生徒の対教師暴力は，教師を傷つけるばかりでなく，生徒自身をいっそう深く傷つける行為なのだということであった。

4──対教師暴力の事例から学んだこと

　以上①～③に，印象的な事例を記した。しかし，対教師暴力はほかにもさまざまなかたちで経験した。そのどれもが，生徒の心底からの悪意の行為ではないはずだと理性では理解することができたが，実感することは難しかった。悪意からの行為ではないということは，対教師暴力をする生徒たちと学校外で出会うと，ねぎらいの言葉をかけてくれたりすることから想像はできた。では，なぜ生徒たちは対教師暴力をすることがあるのかという疑問は，教職生活の当初から私が考え続けてきたものであった。

　前記の①～③の事例で述べたように，対教師暴力に至る事情は生徒によってさまざまであるが，その事情を理解しようとすることは，生徒個々の生育歴や家庭の状況を理解して，その生徒が成長する過程でつまずいていたことを理解

することへの糸口となる。この糸口から，生徒の心理的な成長をめざしての援助の方策をさぐることもできる。このことは，当然のことであるように思えるが，実際に現場で対教師暴力に対応しようとするときは，生徒の行為だけに注目してしまい，背後にある個別の事情を見ようとする余裕をもつことがなかなかできなかった。その余裕をもつためには，ある程度の教職経験年数が必要であったように思う。しかし，3の事例であげたCのように，事情が明らかになったときには生徒は学校から去らねばならない状況に追い込まれていることもある。教師が生徒の個別の事情を見る視点をもたなかったために，生徒を救うことができないという事態を招くこともある。このような，悔やんでも悔やみきれない事例を生み出さないためにも，教師には，対教師暴力の行為を，生徒が育ってくる過程でのつまずきとの関係のなかで見る視点をできるだけ早く確実に獲得することが求められていると考える。

「生徒が育ってくる過程でのつまずき」と述べたが，対教師暴力との関係で問題となるつまずきは，生徒本人の要因に基づくつまずきではなく，1～3の事例で述べたように，家族や周囲の環境にかかわるつまずきであると思われる。この種のつまずきは，生徒本人の要因に基づくつまずきよりも外側から見えにくく，つまずきが対教師暴力のかたちで表現されると，行為だけがめだち，この行為は「悪いこと」として片付けられ，罰することで指導が終わってしまうことも多いと思われる。この流れのなかでは，生徒は生育環境から被った不利益を学校生活のなかで再び被り，悪者にされることで重すぎる責任を負い，さらには成長につながる援助も受けられないという悪循環のような構図も実際にあると考えられる。

家族や周囲の環境にかかわるつまずきが行為として現れてきたとき，やはり周囲の人とのかかわりのなかで適切な援助を受けることができれば，その機会を心理的な成長のチャンスとして活用することができると考える。そのことを自分なりに実践したのが1と2の事例であった。暴言や攻撃性が影を潜めたあとの生徒Aも生徒Bも，自分の気持ちを言葉で表すことが難なくできるようになり，友人との交流も深いものとなり，将来の進路についても真剣に考え努力するようになった。3の事例の生徒Cも，基本的には心理的に健康な生徒であった。教師が，生徒の成長の過程との関連のなかで，生徒自身の背景をより深

く見通す視点をもつことで，本来救われるはずの生徒を救うことができるような力を身につけることが重要ではないだろうか。

4 家庭内暴力への対応

❶──はじめに

　家庭内暴力には，大人から子どもへの暴力（児童虐待），夫から妻への暴力（夫婦間暴力），高齢者への暴力など，およそ家族間で発生する暴力すべてが含まれるが，本稿では子どもから家族に対する暴力に絞って考える。

　筆者は家庭裁判所調査官として非行少年，保護者らに面接等を実施して非行の動機，少年の性格やとりまく環境，再非行の危険性などを調査し，処遇意見を付してその結果を裁判官に報告する仕事に従事しているが，家庭内暴力そのものが傷害等として立件され送致されてくることはやはり少ない。

　したがって筆者の体験は限られたものといえる。しかし，そもそも家庭内暴力に対する一般的な対処法というものは見つからないのではないか。このため関係者それぞれが立場に応じて事例に即した対応を生み出すしかないように思う。筆者の体験がその叩き台のひとつになれば幸いである。

　なお，本稿で紹介する事例についてはプライバシー保護のため，その本質を損なわない程度に加工，修正していることをお断りする。

❷──問題把握の基本的姿勢

　一口に家庭内暴力といっても，その様態，病理水準は多様である。自分がどこまでできるか，自分の守備範囲や力量を超えているとすれば，どこにどうつなぐかを念頭に置きながらかかわる必要がある。そのことを痛感した事例を紹介する。当時，筆者は駆け出しの家庭裁判所調査官であった。

　(a) [事例] 高校1年　A男

　高校1年生のA男が近くにあった果物ナイフをなげつけ，母に加療10日間の頭部外傷を負わせたという事案である。母が救急車を呼び，救急隊員の通報により駆けつけた警察官に傷害の容疑で逮捕され，A男は家庭裁判所に身柄付で送致された。

A男には少年鑑別所で面接した。視線を合わさず，思い起こすかのように，時に独り言を言うように応答していたが，それでも本件や家族に話題が及ぶと涙ぐんだ。

　父は，A男が小学2年生のころから出稼ぎにでるようになり，盆と正月しか帰宅しなかった。母がパート勤めをしながらA男と4歳年下の弟を育てた。母親は自分の言うことに従わなければ，げんこつやほうきなどでA男の体や頭をたたいた。中学生になるとA男もこれに対抗するようになった。

　A男が高校に入学した年の夏休み，早く起こした起こさないでケンカとなった。A男が馬乗りになって殴ると，母も負けじと近くにあったベルトを持って応戦した。これ以降，互いに言葉を交わさず，母はA男に食事も与えなかった。A男はコンビニ弁当などを食べていたが小遣いが足りなくなり，5日ぶりに母に向かい口を開いた。しかし，これを無視されA男は本件を起こした。

　父は知らせを聞いて急いで帰省した。朗らかな人で，地元で職を見つけて家族と一緒に暮らすと言い，在宅処分を望んだ。母は頭部に包帯をして家庭裁判所に出頭した。むっつりとし「いつも私が悪者。警察でも言われた。裁判所もそう思っているんでしょう」と攻撃的であったが，父同様，A男の在宅処分を望んだ。

　裁判官は，家族に暴力をふるわないこと，規則正しい生活をすること，家庭裁判所調査官の指示に従うこと，の3点をA男に約束させ，在宅試験観察を決定した。在宅試験観察とは，最終的な処分を決定するために，少年を家庭においたまま指導を加えつつ，その行動を観察する中間的な措置である。筆者はA男および父母と2週間に1回程度の継続面接を行うこととなった。

　試験観察を始めてから2か月後，地元で仕事がみつからないため父は出稼ぎ先に戻ってしまった。筆者は父を当てにしていただけに，先行きに暗雲たれ込める気分を味わった。A男にしても「父さんは，いつもそう」と言葉少なに不満をもらした。A男は不登校状態となり，寝て過ごしたり，家の前で座ったり，近所の小学生と遊ぶなどして過ごすようになった。

　「家の中でじっとしていたい」とA男。母は，暴力こそないものの登校を促せば怒鳴るので放っておくしかない，という態度であった。筆者は，A男がなぜ家に引きこもるのかわからなかった。

父が年末年始を利用して帰省した。Ａ男の表情は明るく，筆者の冗談にも反応し，冬休み明けには登校すると述べた。しかし，家庭裁判所に出頭しなくなった。筆者は家庭訪問したがＡ男は扉を開けようとしなかった。後日，登校できなかったので少年院に入れられるのではないかとの思いが強く出頭できなかった旨を告白した。表情には生気がなく，体はかなり太ってきた。母からはＡ男がダイヤルQ₂にはまっていることが報告されていた。

試験観察という不安定な中間的措置よりは地元の保護司の指導を受ける保護観察のほうが適当であると判断し，その旨の処遇意見を裁判官に具申した。

審判には父も同行した。おひつのご飯を流しに捨てたり，弟に醬油づけのご飯を無理やり食べさせるなど，奇妙な行動がめだつので地元の精神科を受診させる予定であること，高校は自主退学することなどが報告された。

(b) 見立ての重要性

このような事例を前にしたとき，われわれは詰まるところ「わかる」以外にかかわるための手段をもたない。わかるためには「わからないところ」がわかる必要がある。つまり，問いをもつということである。たとえば，「Ａ男と母は，いっしょに夕飯の買い物に出かけ，食事のことで文句を言い合い，馬乗りになって取っ組み合い，口をきかなくなるというパターンを繰り返しているが，思春期にあるＡ男にとって，まるで夫婦のようなこの親子関係はどう映っているのか」とか「暴力という母子のコミュニケーション回路が試験観察という枠により禁じられ，Ａ男の世界はどう変わったのか」など。

当時の筆者は五里霧中にあった。やはり，確かな見立て，診断が，安定した関係の基礎となる。それがなければ，援助者自身が混乱し，子どもや家族が余計に不安定になってしまう。見立てが困難な事例では，やみくもにかかわるというのではなく，今起きている現象を明確化することに目標を置き，見きわめるための観察に徹することがよいのかもしれない。

(c) チームによる対応

援助者が孤立してしまってはならない。当時の筆者は何とか自分の力で解決したいとか解決しなければならないという力みがあった。それだけにＡ男にじれったさを感じたし，Ａ男が引きこもっていくのが不安でしかたなかった。このような事例を担当する場合，土俵がためをすることが大切であろう。同僚，

上司との協力体制を整える。場合によっては，学校や地域の警察官，精神保健相談員など，緊急時に対応を要請できる人々との連携を早い時期から準備する。それによって援助者側の気持ちに余裕が生じる。それは対処の可能性を見いだすことにつながる。

❸——具体的アプローチ

　子どもの暴力に悩んでいる家族は相談者であると同時に，子どもが成長していくうえでかけがえのない資源でもある。
　次の事例は，親への励まし（empowerment）を心がけた事例である。家族が自分自身を肯定できれば気持ちに余裕が生じる。それは対処の可能性を見いだすことにつながる。

(a) [事例] 高校1年　B男

　B男は高校に入学したが，5月から登校しなくなり，6月に入ると中学時代の顔見知りと夜遊びをするようになった。B男を含め数人が遊び目的で派出所に爆竹を投げ入れた。警察官に追いかけられ，B男は近くの民家に逃げ込み，住居侵入の罪で補導された。身柄拘束は受けず，在宅のまま送致されて家庭裁判所に係属した。
　面接調査には両親そろって出頭した。B男はぶっきらぼうで，すぐにふてくされるタイプ。それでも音楽の話はよくしてくれた。
　両親との面接においては，母が主導的によく答えた。頭の回転が早い人であるが，B男を過度に子ども扱いしていることが言葉の端々にうかがえた。時折さりげなく指摘してみたが，一向に意に介さない。「登校を再開させたい。もうじき期末テストなので」と繰り返し述べる。父に何か言いたげな雰囲気を感じたため単独面接をしたところ，弟に対するB男の暴力が報告された。
　B男は中学2年生の1学期から下痢を理由に早退し，しだいに登校を渋るようになった。父は体罰をもって指導したが，「あいつはダメな奴だからもう知らない。勝手にすればよい」と匙を投げた。そのころから，B男は3歳年下の弟に対して暴力をふるいはじめた。当初は気に入らないことがあると足蹴する程度であったが，髪をひっぱって引き回したり，物をなげつけ青あざをつくったこともあった。父の協力が得られない母は，精神保健施設に週1回カウンセ

リングに通うようになった。「妻につき合って2，3回，私も同行したことがあります。先生から『今こそ，父親の出番です』と言われるんですが，実際，どうやったらよいのやら」と父は途方に暮れていた。

この段階では見きわめが難しかったので，2週間後に再度面接することにした。

(b) 親への励まし（エンパワーメント）

第2回の面接においても，B男の態度は前回と大差なかった。同人の家庭内暴力は，高すぎる自己評価と現実との格差，弟への嫉妬，母からの自立と依存の葛藤などさまざまに解釈はできたが，少なくとも，不良交友というかたちではあるものの仲間作りを試みようとしていること，そのなかで男性としての性役割を見いだそうとしていることなど，思春期の発達課題という観点から見れば，肯定的に評価できる面もあった。そういう見立てができた段階で，司法手続の説明など，審判に向けての導入に力点を置いた。

母は「前回面接後，期末テストは受けたが，それ以降，登校していない。施設に入れてください」と態度を前回とは180度変えた。ところが父が「お前が何でもしてやるからだ。シャツやバスタオルが散らかっていても自分で始末させろ」と言い出し，母は「あなたはわかっていない」と応じ，面接室で夫婦喧嘩が始まった。

父との単独面接に時間を割くことにした。匙を投げたと言いつつも，父はこっそり，心理学関係の本とか漫画の「家栽の人」などを読んでいた。「妻は友人や学校の担任にも相談しているようだが，私は親戚にも会社の同僚にも誰にも相談できない」とこぼした。こうしたやりとりができただけでも，筆者はこの面接には意味があったと感じた。

(c) 両親の対応

両親に対し，これまでどのような取り組みをしてきたかを再度確認した。その際，心がけたことは，誰のせいでこうなったかという原因探求的アプローチではなく，どういう工夫がこれまで講じられ，どういう効果があったのかを確認することであった。つまり，今後活用できそうな対応を2人に見つけてもらう，未来志向的アプローチである。

不思議なもので，こちらがこのように心がけて話を聴くうちに，保護者のほ

うからそのあたりの話題を出してくることがある。本事例の場合，両親が2人そろってB男を連れて被害者のもとに謝罪に出かけた際の話が出てきた。B男はずいぶん抵抗したし，母も気がすすまなかったという。しかし，父としては，B男に親として最低限度の良識を見せなければ，という思いが強かった。これを受けて母も説得する側に回り，B男も渋々ではあったものの同行した。

筆者は，夫婦喧嘩を始めたときはどうなるかと思ったが，両親2人が協力して乗り切った局面を2人が協力して説明してくれ，心強く思ったことを伝えた。また，家庭裁判所に2人がそろってB男に同行したことについてもふれ，今回の件については多少なりとも足並みをそろえている2人の姿勢を支持した。

結局，調査において見いだせた成果などを総合的に評価し，少年を保護観察などの保護処分に付すには時期尚早である旨を裁判官に具申した。

4——おわりに

本稿で取り上げた事例に見られる，子どもの不安感，焦燥感，親の無力感といったものは，どこの家庭においてもある時期経験せざるをえないものではないか。とは言え，家庭内暴力が現実に表出していることからすれば，やはりその事例特有の問題があるに違いない。

対応は，緊急性や危険性を吟味したり，緊急避難先を家族と検討するなど，現実的である必要がある。しかし，その一方，子どもと家庭が歩む過程を「成長」という視点からとらえる姿勢がなければ，かかわりあうことは難しいように思う。

5　病理的な「キレ」への対応

第1章第2節5『病理的な「キレ」』にて詳述されているように，「キレ」を引き起こす精神障害は多様である。ここでは，多くの病理的な「キレ」に共通する具体的な対応について述べる。

1——相談機関，医療・保健機関との連携

精神障害，すなわち何らかの心の病に起因する「キレ」の場合，まずメンタ

ルヘルス専門家による臨床心理学的査定や精神・神経医学的診断が必要となる。病気であるか否かの見きわめや病理水準の把握は，専門家にしかなしえないからである。当然のことながら，的確な査定・診断があってはじめて，適切な対応が可能となる。特に統合失調症(精神分裂病)や気分・感情障害(うつ病)などの精神病が疑われる場合には，専門医による診断，治療が不可欠となる。

　ところが現実には，精神障害に対する一般社会における偏見はいまだ根強く，相談機関，医療・保健機関の利用に対して抵抗を感じる人々は多い。そのため，児童・生徒本人に対してはもちろんのこと，保護者や家族に対して専門機関への相談・受診をたとえば学校から勧めても，助言にしたがってスムーズな利用に至るケースは残念ながら多くない。

　それどころか，保護者が「自分の子どもを異常者扱いするのか！」と怒り出し，学校との信頼関係そのものが損なわれるケースすらあるという。だが，自分の子どもに精神障害の疑いがみられたとき，なんのとまどいも抵抗もなくそのことを受け入れられるほうが，むしろ不自然なことかもしれない。自分の子どもが精神障害であるとはとても認められない，認めたくないという否認の気持ちや，精神障害へのいいようのない恐れが，われわれの心の中には潜在しているということを，しっかりと自覚しておく必要があろう。

　精神障害は誰もがかかりうるごくありふれた病気であり，心の病になるのはけっして「特別な人」ではないということ，ましてや本人に非があるわけではないことなど，専門家にとってはあたりまえの常識であっても，当事者やその家族にとっては容易に受け入れられるものではない。また，精神障害が重篤であれば医師法，学校教育法などの「欠格事由」にあたると判断される場合もあり，将来の職業選択などに現実的な不利益を被ることも動かしがたい事実である。

　したがって，学校や専門機関は，児童・生徒，保護者・家族の有するナイーブな不安や恐れに配慮して，まずは本人や保護者，家族へのいたわりの気持ちを言葉にして示すなど，相談・受診への敷居を低くする工夫を心がけて対応していく必要がある。

　病気による症状や問題行動，すなわち病理的な「キレ」が短期間のうちに自然に改善・完治することは，まずない。対応が遅れれば遅れるほど，病気がこじれて回復が困難となる危険性もある。適切な対応がなされずに「キレ」るこ

とが続けば，それだけ周囲から奇異の目でみられ，友達を失って孤立したり，ひいてはその子どもの社会的評価を低下させることになる。「キレ」が放置されることで最も傷つくのは，ほかならぬ子ども自身なのである。

しかも，家族や学校，地域社会が子どもの「キレ」をめぐって動揺したり感情的対立を生じると，その子どもを組織的にケアする力も低下していく。孤立し，周囲からのケアを失った子どもは，病気そのものに情緒的な不安定さが重なって，「キレ」を二次的に増悪させるという悪循環に陥ってしまう。

そのような事態を予防し，専門機関に円滑につなぐため，「キレ」という問題が家庭や学校，地域社会のなかで発生し，それが周囲の人々により発見されてから専門機関への相談・受診に至るルートを，図3-1に沿って整理してみよう。

2──問題の発生と発見

図3-1の左側にあるように，子どもの「キレ」という問題を発見するのは，家庭であれば保護者や家族であり，学校であれば同級生，教職員であろう。また，地域社会において，子どもが「キレ」る場面を友人や地域住民が目にして，家族に連絡する場合もあろう。特に度を超した暴力など，あまりに「キレ」の様態がひどければ，警察に通報して協力を仰ぐことも一考に値するものである。

なお，病識とまではいかなくとも，子ども自身が「なにか自分は変だ」と感じて，自らスクールカウンセラーや専門機関への相談を希望する事例もわずかではあるが存在する。特に電話相談などは抵抗が少なく，利用しやすいようである。

しかし，一般に専門機関につながるまでの道のりは険しい。前述のような保護者や家族の否認だけでなく，周囲の人々もまた，子どもの「キレ」を病理によるものであるとは想像しにくいからである。とりわけメンタルヘルスに関する知識が乏しい人ほど，精神障害による症状を単なる性格の問題であると考えてしまいがちである。

極端な場合には，子どもの問題はすべて親の育て方のせいであるといって，保護者や家族が周囲から責め立てられることすらある。このような経験を繰

第2節 さまざまな「キレ」への対応

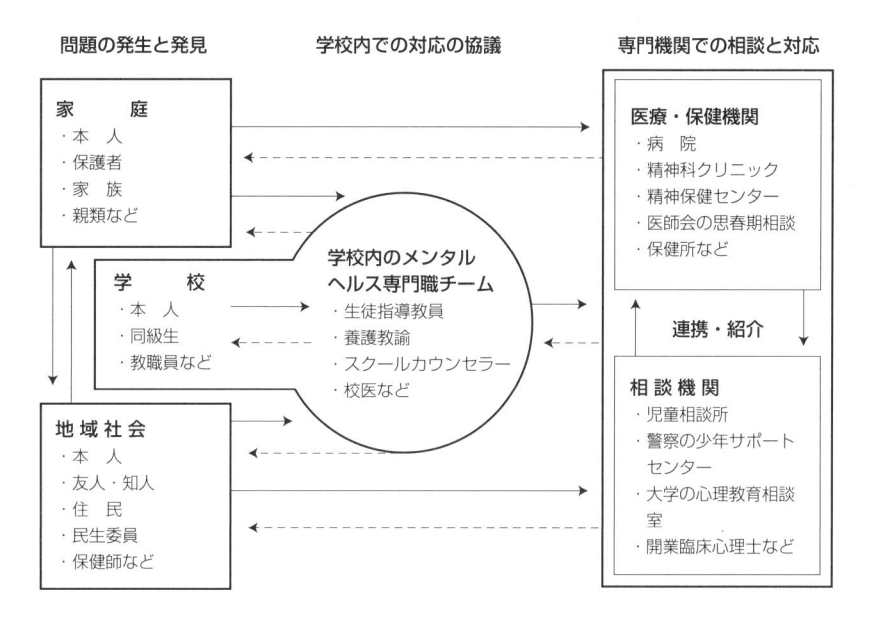

```
問題の発生と発見          学校内での対応の協議      専門機関での相談と対応

┌─────────┐                                  ┌──────────────┐
│ 家  庭   │                                  │ 医療・保健機関 │
│ ・本 人  │                                  │ ・病  院      │
│ ・保護者 │                                  │ ・精神科クリニック│
│ ・家 族  │                                  │ ・精神保健センター│
│ ・親類など│                                  │ ・医師会の思春期相談│
└─────────┘        学校内のメンタル            │ ・保健所など   │
                    ヘルス専門職チーム          └──────────────┘
┌─────────┐      ・生徒指導教員                連携・紹介
│ 学  校   │      ・養護教諭                 ┌──────────────┐
│ ・本 人  │      ・スクールカウンセラー       │ 相談機関      │
│ ・同級生 │      ・校医など                  │ ・児童相談所   │
│ ・教職員など│                               │ ・警察の少年サポート│
└─────────┘                                  │  センター     │
┌─────────┐                                  │ ・大学の心理教育相談│
│ 地域社会 │                                  │  室          │
│ ・本 人  │                                  │ ・開業臨床心理士など│
│ ・友人・知人│                               └──────────────┘
│ ・住 民  │
│ ・民生委員│
│ ・保健師など│
└─────────┘
```

　→ 相談，連携のための連絡，報告，紹介など。
　--→ コンサルテーション，助言，専門的援助，査定・診断の結果報告など。

　　　図3-1　問題の発生から専門機関に至るルートと，援助のネットワーク

り返していると，保護者や家族は他者に相談しても叱られたり責められるばかりで，なんの解決の糸口も得られないという無力感にさいなまれてしまう。

　そうなる前に可能な限り早く，「このようなささいなことで相談していいものだろうか？」と躊躇することなく，身近なメンタルヘルス専門職である学校内の養護教諭やスクールカウンセラー，校医など，また地域社会における民生委員や保健師などを利用してもらいたい。

3── 学校内での対応の協議

　児童・生徒からであれ，家族からであれ，あるいは地域住民からであれ，病理的な「キレ」を呈する子どもに関して学校が連絡を受けた場合，本人や保護者なども交えたうえで，学校内のメンタルヘルス専門職を中心としたチームによって対応を協議することになる。それが図3-1中央の円形部分である。協

議の結果，必要であれば子どもや保護者に専門機関を紹介することになる。また，保護者が子どもを連れて病院などの専門機関に赴き，事後報告として学校に経緯が報告される場合もあろう。いずれにせよ，専門機関と連携しながら，学校内で可能なサポート，すなわち子ども自身や保護者，家族への相談活動や，周囲の対応方法などに関する助言を行うこととなる。

　なお，自分の学級の児童・生徒の問題は全部，学級担任である自分が解決せねばならないものと思い込み，ひとりで抱え込んでしまうタイプの教員も存在する。小学校で特に顕著であるが，かえって問題の解決を阻害する結果となるので，問題を発見した場合，早急に学校内のメンタルヘルス専門職に相談してほしい。

4──専門機関での相談と対応

　図3-1の右側に示した精神障害に対する専門機関では，査定・診断，治療や専門的援助の経過をふまえて，病気の性質や病状，今後の見通し，生活上の留意点など，具体的対応に向けて必要な情報を子どもや保護者，学校などに向けてフィードバックし，サポートを行う。

　専門機関内での援助は，以下の3つに大別される。ひとりの精神障害者が有するニーズは多様であるため，3つの援助は有機的に連関しており，統合的に用いられるものである。また，病院で薬物療法を行い，大学等の心理教育相談室で子どもの遊戯療法と保護者へのカウンセリングを行うなど，複数の機関が連携をとりながら援助にあたることもある。

(a) 薬物療法

　現在の精神医学の主流を占めるのは生物学的精神医学であり，通常の精神科医は，向精神薬による薬物療法を主たる治療法としている。とりわけ統合失調症や気分・感情障害（うつ病），てんかんなどでは薬物療法が不可欠である。また近年，学校保健の領域で注目される注意欠陥・多動性障害に対しても，薬物療法（中枢刺激薬）が相当に有効であるといわれている。

　ただし，薬物には必ず副作用があり，副作用の苦痛が大きいと服薬が続かなくなるなどの問題もある。そこで，ノンコンプライアンス（患者が医師の指示通りに薬を服用しないこと）があったり，発達上，子どもだけで定期的服用が

困難な場合には，養護教諭や学級担任が服薬の時間ごとに当該の子どもに声をかけて，服用を確認するなど，学校の協力も必要となる。

(b) 心理（精神）療法

非医師である臨床心理士などが行う場合には心理療法，精神科医など医師が行う場合には精神療法とよぶ。なお，「精神科医だからカウンセリングや精神療法をやってくれるものと期待していたのに，薬だけで話は聞いてもらえなかった」という不満を耳にすることもあるが，これはやや的はずれな批判である。どこまで本格的な精神療法を行うかは病気や病態水準による。また，精神療法に関心をもち，専門的トレーニングを積んだ精神科医はむしろ少数派なのである。

一方，「こころの専門家」を標榜する臨床心理士は，財団法人日本臨床心理士資格認定協会によって認定されるものであり，医師や薬剤師のような国家資格ではない。しかし，心理学ないし心理学関連の修士号取得を受験資格とするなど，心理検査や心理療法に関する専門性を保証するためのひとつの有力な資格といえる。

さらに，心理（精神）療法といってもじつにさまざまな学派，立場が存在する。おもに言語を媒介として1対1で個別的に行われる個人心理療法から，集団で行う集団療法，遊びをとおして子どもの心にあるものを表現させる遊戯療法，学習理論によって行動の変容を図る行動療法まで，多岐にわたっている。たとえば境界性人格障害に対しては，精神分析学派のなかでも対象関係論学派が有用であるといったように，それぞれの心理（精神）療法，さらには個々の心理（精神）療法家によって得意とする問題も異なる。

そこで，心理（精神）療法を希望する際には，どの専門機関にどのような心理（精神）療法家がいるのか，ある程度の情報収集や，自分の問題の性質上，相談可能かどうかなどを確認したうえで利用することが望ましい。

(c) 社会的アプローチ

病気そのものの治療に加えて，生活スタイル，家庭環境や学校環境など，精神障害を有する子どもが生活しやすい社会環境を整備することも重要である。特に重篤な精神障害の場合，入院して保護的な環境で治療を受けることもひとつの転機となりうる。退院後の社会復帰の足がかりとしては，精神障害者の作業所やデイケア施設も有用である。そのほか，医療費の問題や福祉制度の利用

などに関して，病院や福祉事務所などに勤務するソーシャルワーカー，ケースワーカーは，頼もしいパートナーである。

5——心の病と子どもの心の発達

これまで，専門機関の利用を前提として強調してきたが，「病気だから専門機関にすべて任せておけばよい」とか，「家庭や学校にできること，求められていることはなにもない」という意味ではない。心の病に苦しみつつもそれに耐え抜き，生きる子どもを直接，支えているのは，なんといっても家庭や学校である。

さらに，精神障害であっても病気だけがすべてではなく，子どもの心には健康に成長・発達していく側面もまた存在する。では，病気が心の健康な部分に及ぼす影響を最小限にとどめ，健康な心の発達を促進・援助するには，何が必要であろうか。

それは，あくまで病気であるという現実を否定することなく，病気という限界はふまえつつも，子どもの成長可能性を信じて援助しつづけるという態度に尽きるのではないだろうか。

たとえば，精神障害を有しているからといって，何もかもできなくなるわけではない。いまの状態で実行可能なこと，習得可能なことは，家庭や学校でのしつけや教育によって身につけさせる必要がある。また，子どもに対して過不足のない，あたたかい関心と愛情を注ぎつづけることで，情緒的安定を図ることも可能となる。さらに，病気であることによって子どもに生じる劣等感に配慮し，子どもの長所を伸ばして自尊感情を高めるようなアプローチも有用であろう。

心の病を有する子どもへの対応は，容易ではない。とりわけ保護者や家族の心労は非常に大きいものがある。ただ，病理的な「キレ」に限らず，子どもが呈する問題に対応していくなかで，保護者として，教職員として，あるいはメンタルヘルス専門職として，われわれ大人は一方的に子どもにケアを提供するばかりではない。そのような体験を通じて，じつはわれわれも子どもたちから育てられているのだという思いもまた，心にとどめておきたいものである。

Column ⑱
神戸の中学3年生による連続児童殺傷事件

「自分以外の人間は野菜と同じ。だから切っても潰しても構わない。誰も悲しむことはない。…人の命も蟻やゴキブリと同じじゃないですか？」

凄惨かつ猟奇的な手口と犯行の非人間性，そして，犯人が少年であったことで，言い知れぬ衝撃を与えた「神戸連続児童殺傷事件」。その犯人として逮捕された後，精神鑑定医との面談の中で，事件を反省するどころか，自己を正当化する「独我論的哲学」を述べる，少年Aの言葉である。

1997年5月24日，神戸市須磨区友が丘地区に住む小学6年生の男児を絞め殺し，遺体頭部を切断のうえ，27日に中学校の正門に遺棄。切り裂いた被害者の口に，「酒鬼薔薇聖斗」の名前で書いた警察への「挑戦状」をくわえさせ，マスコミには，自己を正当化し，アピールする「犯行声明文」を送る。1か月後の6月28日，逮捕された中学3年生の少年A（当時14歳）は，4人の小学生を次々にナイフやハンマーで襲い，1人の少女を死亡させた，「連続女児通り魔事件（1997年2月および3月）」の犯人であることも明らかになった。10月27日，神戸家裁において，少年Aに対する医療少年院送致の保護処分が決定。異常な事件に沸騰する世論は少年法の改正へと関心を移していった。

時間の経過とともに，「犯行ノート」や供述内容，精神鑑定書や親の手記（「少年A」の父母，1999）など，さまざまな資料が公表され，事件の背景や14歳の少年の内面が徐々に明るみにでてきた。不安定な母親，幼少時の親密体験不足，弟いじめと体罰との悪循環のもとでの「虐待者にして被虐待者」という地位。とらえたイメージをリアルに再現する「直観像素質者」という資質。自分の「脳内宇宙」で創造した「バモイドオキ神」を中心とする「狭隘で孤立した世界」でのなまなましい空想……。

暴走への一因は「祖母の死」や性衝動の高まりにあったといわれている。小学5年生ごろから，小動物や猫の解剖を繰り返し，とめようのない衝動に支配される「魔物」としての自分を自覚する少年は，万引きや暴力沙汰でのキレた自分を，未熟な独我論と内的な儀式という筋書きで合理化していった果てに，「人がいかに壊れやすいか」という「聖なる実験」としての殺人を犯した。逮捕後9月の面会時，彼の親は，自分の息子が事件の犯人であると真に自覚する。異様な形相で睨みつける息子の眼と，怒りに興奮する姿。それは，少年Aが，初めて親の目の前でキレ，本当の自分をさらけだした瞬間であったのではないだろうか。

Column ⑲ 愛知・豊川の高校生による64歳主婦殺害

2000年5月1日，愛知県豊川市の自宅にいた主婦（当時64歳）を，同県宝飯郡に住む高校3年の男子生徒（当時17歳）が刺殺した。その少年は，犯行中に帰宅した夫にもケガを負わせて逃走するが，犯行翌日には名古屋駅前交番に出頭し，豊川署で殺人容疑で逮捕された。少年は逮捕後の愛知県警の調べに対し，「人を殺す経験がしたかった」「人が物理的にどのくらいで死ぬのか知りたかった」などと不可解な供述をしたという。

少年の父親は同県内の中学校の教員。少年が1歳半の時に，妻と離婚し，その後は，祖父，祖母，父親と少年の4人家族だった。少年は，高校では進学コースに所属する成績優秀な生徒だったという。

少年に対しては，2度，精神鑑定が行われた。検察側の最初の鑑定は少年の刑事責任能力を認め，「純粋な好奇心からの犯行」「退屈からの殺人」と分析。名古屋地検豊橋支部は8月10日，「刑事処分相当」との意見を付けて家裁送致した。しかし，弁護士7人で構成された少年の付添人団は，検察側の鑑定を不十分であると批判し，再鑑定を請求。名古屋家裁は職権で少年の精神鑑定を再度行うことを決定した。名古屋家裁側の精神鑑定の結果，少年は，発達障害の一種である「アスペルガー症候群」と診断された。12月26日，名古屋家裁は，家裁が実施した2度目の精神鑑定結果に沿い，少年に共感性の欠如やこだわり傾向などがみられることから「アスペルガー症候群」と認定。また，この症状により，事件当時は善悪の識別能力が著しく減退した心神耗弱の状態だったと指摘するとともに，専門家による適切な医療行為と矯正教育を時間をかけて施すことが何よりも必要とし，少年を医療少年院送致とする保護処分を決定した。

アスペルガー症候群は，1944年にオーストリアの小児科医アスペルガー（Asperger, H.）によって報告されたもので，90年代になってから，WHOによる精神疾患の診断基準であるICD-10やアメリカ精神医学会による診断基準であるDSM-Ⅳなどの診断カテゴリーとして取り上げられた。主な特徴としては，①対人的・情緒的相互性の欠如，②興味，活動が限局的で，特定の物事に執着すること，③言語的・認知的発達において遅れがみられないこと，などがあげられる。

しかし，アスペルガー症候群が原因で犯罪に至る例は少なく，この事件の裁判所の決定でも，「発達障害が犯罪を起こす要因とは認められない」とされ，今回の事件が特異な事例だったことが強調された。

Column 20 池袋の23歳通り魔殺人

　1999年9月の白昼，23歳の青年が池袋の繁華街を走り抜けながら，包丁と金づちを使って次々と通行人に襲いかかり，2人を殺害し6人に重軽傷を負わせた。犯行4日前にかかってきた無言電話をきっかけに激高したという。「仕事がなく，むしゃくしゃしていた。誰でもいいから殺そうと思っていた」と供述した。青年が以前住んでいた部屋から，殺人を予告するようなメモが見つかった。「わし，ボケナスのアホ全部殺すけぇのう。アホ今すぐ永遠じごくじゃけんのお」，「努力しない人間は生きていてもしょうがない」。池袋を犯行現場に選んだのは「かねて仕事をせずに遊びほうけている人に腹がたっていた」ためだという。無口でまじめ，おとなしい性格だった青年が，なぜこのような凶悪な犯行に及んだのであろうか。

　青年は進学校に入学したものの，両親がギャンブル（パチンコ）などで借金をつくり失踪し，中退を余儀なくされた。「毎晩，債権者が借金の取り立てに押しかけてきて，惨めな思いをした」。「家計を助けようと，弁当屋で働いた。（中略）ひとりでパンやカップラーメンを食べた。さみしかった。（中略）必ず帰ってきてくれると信じていたのに……」と，当時の生活を供述した。考えてみると，「努力しない人間」，「仕事をせずに遊びほうけている人」と青年が表現したのは，ギャンブルにはまった彼の両親のことではないだろうか。自分に「みじめな思い」をさせたまま失踪し，帰ってこなかった両親にこそ怒りをぶつけたかったのかもしれない。

　精神分析家のホーナイ（Horney, 1950）は，このような「報復心」を次のように分析している。愛情や人間的なあたたかさや親密さを求めても得られない場合，ついにはそのような柔和な欲求をすべて押し殺してしまい，感情が硬直化する。すると他者から好感をもたれるような人間的資質が発達せず，人から愛される機会も乏しく，自分は愛されない人間だと思い込むようになる。同時に，大切なものをもっている他人への「嫉妬心」が，他人の幸福を打ち砕こうとする報復的衝動を引き起こすだけでなく，「他人の苦痛に対する彼の共感を抑え込んで奇妙な冷淡さを生み出す」という。こうして彼は「失うものが何もないという状況で他人に敵意を向けた」のではないだろうか。

Column ㉑

京都の小学2年生殺害事件―自殺した"てるくはのる"

　筆者が京都郊外にある日野小学校の校門の前に立ったのは，2001年の4月の終わりであった。すぐ裏手にある醍醐の桜に集まった人々の賑わいと対照的に，小さな路地のいくつも入り組んだ人気（ひとけ）の少ない静かな住宅街の一角であった。この小学校で，2年生の男の子が21歳の男に刃物によって殺傷されたのは1999年の12月末。少年による凶悪事件が相次ぐなかで，この事件がそれらと異質なのは，殺人の動機が快楽的ではなく，自分自身の極限まで追い詰められた心理状態が相手との一体化を招き，人生のリセットの象徴として行われたためである。したがって，犯人とされる男の特異な心理を個人的な問題としてとらえるのではなく，一般青年の発達的な問題の延長線上にあるととらえることが大切であろう。

　彼は事件を起こした日野に小学2年生まで住み，そこから近郊のニュータウンである向島に引っ越した。幼いころから勤勉で勉強熱心で成績優秀，運動も得意であった。日野での日々は，彼にとって有能感のもてる愛しい日々であったに違いない。エリクソン（Erikson, E. H.）のいう児童期の発達課題である「勤勉性」を見事にクリアしていたように思われる。学校などの枠の中で生きるうえでは，規定のものを規定どおりに一生懸命こなすことが求められる。彼は周囲からも「いい子」として評価されていたであろう。しかしそれはあくまでも他者評価に拠る自分の価値である。高校時代に初めて挫折した彼は，それまで自分を評価してくれていた学校，示されるとおりに生きていれば必ず評価された学校に，裏切られたような感覚を抱いたのではないか。青年期になって，彼が直面したアイデンティティ確立の問題へと移行する転換点にあって，彼は自分自身で自分の人生の意味を価値づけることができなかったのである。だが，アイデンティティの確立は，学校も他者も，誰も指し示してはくれず，自分で模索し見つけていくしかないのである。その課題は，勤勉性に固執するほど難しい。児童期から青年期への転換―それは「いい子」にとって重大な問題なのである。

　彼は高校卒業目前に，友人に電話をかけてこう聞いたという。「お前は何のために生きているのか。俺は学校に行く意味がわからない」。彼のこだわった"学校"という場と，彼の自分探し。そして沈潜させた怒りを，自分が戻りたかった小学2年生の男の子を殺害するという結末によって，シンボリックに「昇華」しようとした。彼自身の憎むべき人生においては，自分も相手も存在を確信し，愛することができなかったのであろう。

付章

キレる青少年を理解するための
文献・資料集

付　章　キレる青少年を理解するための文献・資料集

　本章では，青少年の「キレ」を理解するうえで役に立つと考えられる著書や論文・資料等の中から，比較的読みやすいものを中心にいくつか選び，以下に掲載する。

　読者には，本書を補充するものとして，ご活用いただければ幸いである。

（著者のアルファベット順）

安達倭雅子　1992　男の子の性が危ない―いらいらむかつき症候群の正体を考える　児童心理（児童研究会　金子書房），46(6)，697-701．

中日新聞社会部　2000　ぼくは「奴隷」じゃない―中学生「5000万円恐喝事件」の闇―　風媒社

藤井誠二　2000　「17歳の殺人者」―女子高生コンクリート詰め殺人事件から佐賀バスジャック事件まで―　ワニブックス

福島　章　2000　子どもの脳が危ない　PHP研究所

ギルモア，D.（著）　芝　紘子（訳）　1998　攻撃の人類学―ことば・まなざし・セクシュアリティ―　藤原書店

日垣　隆　1999　少年リンチ事件―ムカつくから，やっただけ―　講談社

襲岩秀章　2001　少年事件の多発と人格発達との関連―予防・教育プログラム開発のための理論仮説―　日本女子大学家政学部紀要，48，125-131．

星　一郎　1998　"キレる"子どもにしない法　ごま書房

今関和子　1998　インタビュー　ムカつく・キレるは子どものなかでどう育つのか　月刊生徒指導（学事出版），28(7)，18-25．

伊藤　悟（編著）　1984　先生！ビンタはむかつくぜ　三一書房

金森浦子　1999　子どもの「イライラ心」をほぐす本―「ムカつく」「キレる」心理がわかりますか―　PHP研究所

桐野夏生　2001　少年はなぜムカつくのか　文芸春秋，79(3)，218-222．

小林万洋　1998　最近の少年たちの変化をどうみるか―いわゆる「キレる」中学生の心理とその対応について　青少年問題（青少年問題研究会），45(7)，23-27．

小浜逸郎　1999　キレる子どもと学級崩壊　教育と医学（教育と医学の会　慶応通信），47(10)，816-822．

前原里美　1998　女の子のムカつきはどこへ行く　月刊生徒指導（学事出版），28(7)，34-37．

ミッチャーリヒ，A.（著）　竹内豊治（訳）　1979　攻撃する人間　新装版　法政大学出版局

三沢直子　1998　殺意をえがく子どもたち　学陽書房

宮台真司・香山リカ　2000　少年たちはなぜ人を殺すのか　創出版

宮川俊彦　1998　「なぜ」ムカつくのかキレるのか　学事出版
望月重信　1999　教室の「実存ペタゴジー」の構築―キレる，ムカつく子どもから学ぶ―　明治学院論叢（明治学院大学），**626**，1-22．
モンターギュ，A.（著）尾本恵市・福井伸子（訳）　1982　暴力の起源―人はどこまで攻撃的か―　どうぶつ社
宗像恒次　1998　ストレスで「キレ」るイイ子の心の教育　教育と医学（教育と医学の会　慶応通信），**46**(4)，314-322．
村上　龍　2001　「教育の崩壊」という嘘　NHK出版
村松　励　1998　「キレる」心理―ムカつく・キレるの間は？　月刊生徒指導（学事出版），**28**(7)，14-17．
村松　励　1999　傷つきやすさと暴力の時代(5)「キレる子」の論理　月刊生徒指導（学事出版），**29**(10)，64-67．
村山士郎（編著）　1998　ムカつく子ども・荒れる学校―いま，どう立ち向かうか―　桐書房
中尾弘之（編）　1984　攻撃性の精神医学　医学書院
野邑健二・本城秀次　2001　「切れる」若者たち―家庭内暴力について―　教育と医学（教育と医学の会　慶応通信），**49**(2)，112-118．
大淵憲一　1993　人を傷つける心―攻撃性の社会心理学―　サイエンス社
大淵憲一　2000　攻撃と暴力―なぜ人は傷つけるのか―　丸善
越智康詞　2000　「ムカつき」社会と子どもたち　児童心理（児童研究会　金子書房），**54**(2),168-173．
尾木直樹　1998　新しい「荒れ」と「キレる」子　犯罪心理研究（日本犯罪心理研究所），**5**，21-28．
尾木直樹　2000　子どもの危機をどう見るか　岩波書店
大石英史　1998　"キレる"子どもの心理的メカニズムに関する一考察　山口大学教育学部研究論叢（第3部），**48**，109-121．
生塩詞子　2000　思春期女子との面接における「言葉」について―「むかつく！」を繰り返す中学生女子との面接過程―　心理教育相談研究（広島大学教育学部心理教育相談室），**17**，53-64．
斎藤　孝　1998　「ムカツク」構造―変容する現代社会のティーンエイジャー―　世織書房
斎藤　孝　1999　子どもたちはなぜキレるのか　筑摩書房
斎藤　孝　2000　「ムカツク」と「キレる」のメカニズム　児童心理（児童研究会　金子書房），**54**(2)，155-161．
椎名　薫　2000　子どもがムカつき，キレる，親・教師の言動　児童心理（児童研究会　金子書房），**54**(2)，187-191．

下坂　剛・他　2000　現代青少年の「キレる」ということに関する心理学的研究(1)―キレ行動尺度作成およびSCTによる記述の分析―　神戸大学発達科学部研究紀要, 7, 1-8.
ストー, A.(著)　高橋哲郎(訳)　1973　人間の攻撃心　晶文社
鈴木雅子　2000　キレない子に育てる食事メニュー―わが子の心と体を守る賢い知恵と工夫―　河出書房新社
高田明和　1998　すぐキレる脳, ムカつく心―危い心の処方箋―　光文社
高橋史朗　1999　いま, 学校では―ムカつきキレる子どもの現状と背景―　更正保護(法務省保護局　日本更正保護協会), 50(2), 6-11.
武田京子　1998　わが子をいじめてしまう母親たち―育児ストレスからキレるとき―　ミネルヴァ書房
丹沢芳明　1998　ムカつきキレる生徒とどうつきあうか　月刊生徒指導(学事出版), 28(7), 30-33.
田崎未知　1998　ムカつくとキレる子, ムカついてもキレない―高校生から―　月刊生徒指導(学事出版), 28(7), 38-39.
東京都(編)　1999　キレる―親, 教師, 研究者, そして子どもたちの報告―　ブレーン出版
富田富士也　1996　「ムカつく」子どもの本当の心理(わけ)―今, 父親として知っておきたいこと―　佼成出版社
矢幡　洋　2001　少年犯罪の深層心理　青弓社
山入端津由　1998　「キレる」かたちの暴力　青少年問題(青少年問題研究会), 45(7), 40-45.

[雑誌の特集等]

キレる・ムカつく　モノグラフ・中学生の世界(ベネッセ教育研究所　ベネッセ・コーポレーション), 61　(1998年)
特集　目立たない子の攻撃性　月刊学校教育相談(学校教育相談研究所　ほんの森出版), 12(5)　(1998年)
特集　突然キレル子どもとの対応　月刊学校教育相談(学校教育相談研究所　ほんの森出版), 12(9)　(1998年)
特集　ムカつく・キレるのはざまで　月刊生徒指導(学事出版), 28(7)　(1998年)
特集　キレない子に育てる　児童心理(児童研究会　金子書房), 54(2)　(2000年)
東洋大学児童相談室　シンポジウム記録　きれる子, きれない子　東洋大学児童相談研究(東洋大学児童相談室), 19　(2000年)

引用文献

■第1章

American Psychiatric Association 1994 *Diagnostic and statistical manual of mental disorders, fourth edition.* Washington, D. C. : American Psychiatric Association.

上林靖子 1999 行為障害―注意欠陥／多動性障害の併存症として― 精神科治療学, **14**(2), 135-140.

小浜逸郎 1999 キレる子どもと学級崩壊 教育と医学, **47**(10), 816-822.

文部科学省 2001 生徒指導上の諸問題の現状について(概要)― 報道発表資料 ― http://www.mext.go.jp/b_menu/houdou/13/12/011231.htm

宗内 敦 1998 キレる 中学教育(12月号) 小学館

ＮＨＫ世論調査部(編) 1984 中学生・高校生の意識 日本放送出版協会

大石英史 1998 "キレる"子どもの心理的メカニズムに関する一考察 山口大学教育学部研究論叢(第3部), **48**, 109-121.

岡野憲一郎 1995 外傷性精神障害―心の傷の病理と治療― 岩崎学術出版社

下坂 剛・他 2000 現代青年の「キレる」ということに関する心理学的研究1 ―キレ行動尺度作成およびSCTによる記述の分析― 神戸大学発達科学部紀要, **7**(2), 1-8.

東京都(編) 1999 キレる―親，教師，研究者，そして子どもたちの報告― ブレーン出版

財満義輝 1999 校内暴力 鑪 幹八郎・他(編) 教育相談重要用語300の基礎知識 明治図書

コラム②

Hartmann, H. 1961 *Ego psychology and the problem of adaptation.* New York: International Universities Press. 霜田静志・篠崎忠男(訳) 1967 自我の適応 誠信書房

コラム③

中村昭代・安部明子・福永秀明・岡本隆之・横山元治・奥野浩一・森川直樹・柏原啓志・中島栄治 1999 児童虐待に関連する家事事件の調査及び関係機関との連携について 家庭裁判月報, **51**(6), 95-143.

コラム⑤

Garbarino, J. 1999 *Lost boys: Why our sons turn violent and how we can save them.* New York: Anchor Books.

Cloud, J. 1999 Just a routine school shooting. *Time* (Canadian Edition, May,

31), 14-21.

> コラム⑥

Azrin, N. H., Hutchinson, R. R., & Hake, D. F.　1966　Extinction-induced aggression.　*Journal of the Experimental Analysis of Behavior*, **9**, 191-204.

Lorenz, K.　1963　*Das sogenannte Böse : zur Naturgeschichte der Aggression.* Wien: Dr. G. Borotha-Schoeler Verlag.　日高敏隆・久保和彦（訳）　1970　攻撃　みすず書房

Ulrich, R. E., & Azrin, N. H.　1962　Reflexive fighting in response to aversive stimulation.　*Journal of the Experimental Analysis of Behavior*, **5**, 511-520.

> コラム⑦

Baumeister, R. F.　1990　Suicide as escape from self.　*Psychological Review*, **97**, 90-113.

Carver, C. S., & Scheier, M. F.　1981　*Attention and self-regulation: A control theory approach to human behavior.*　New York: Springer-Verlag.

大渕憲一　2000　攻撃と暴力―なぜ人は傷つけるのか―　丸善

■第2章

明田芳久　1980　攻撃と援助　古畑和孝（編）　人間関係の社会心理学　サイエンス社　Pp.160-189.

American Psychiatric Association　2000　*Diagnostic and statistical manual of mental disorders, fouth edition, text revision.*　Washington, D. C. : American Psychiatric Association.　高橋三郎・大野　裕・染矢俊幸（訳）　2003　DSM-Ⅳ-TR　精神疾患の分類と診断の手引き　新訂版　医学書院

Bandura, A.　1973　*Aggression: A social learning analysis.*　Englewood Cliffs, NJ: Prentice-Hall.

Berkowitz, L.　1962　*Aggression: A social psychology analysis.*　New York: McGraw-Hill.

Berkowitz, L.　1989　Frustration-aggression hypothesis: Examination and reformulation.　*Psychological Bulletin*, **106**(1), 59-73.

Dodge, K.A.　1986　A social information processing model of social competence in children. In M. Perlmutter(Ed.), *Minnesota symposium in child psychology*. vol.18. Hillsdale, NJ: Lawrence Erlbaum Associates. Pp.77-125.

Dodge, K.A.　1991　The structure and function of reactive and proactive aggression. In D.J.Peple & K.H.Rubin (Eds.), *The development and treatment of childhood aggression.*　Hillsdale, NJ: Lawrence Erlbaum Associates.　Pp.201-218.

Dollard, J., Doob, L., Miller, N.E., Mowrer, O.H., & Sears, R.R.　1939　*Frustration* and aggression. New Haven: Yale University Press.

Dollard, J.& Miller, N.E. 1950 *Personality and psychotherapy: An analysis in terms of learning, thinking, and culture.* New York: McGraw-Hill. 河合伊六・稲田準子（訳） 1972 人格と心理療法―学習・思考・文化の視点― 誠信書房

藤岡淳子 2001 非行少年の加害と被害―非行心理臨床の現場から― 誠信書房

福本 修 1994 暴力的な犯罪者への精神分析的接近 Imago 4 青土社 Pp.133-143.

Glod, D.C.& Teicher, M. 1996 Relationship between early abuse, posttraumatic stress disorder, and activity levels in prepubertal children. *American Journal of the American Academy of Child and Adolescent Psychiatry*, **34**, 1384-1393.

原田 謙 2002 AD/HDと反抗挑戦性障害・行為障害 精神科治療学, **17**, 171-178.

井上公大 1983 青年期非行の病理と臨床 清水将之・村上靖彦（編） 青年の精神病理3 弘文堂 Pp.251-275.

影山任佐 2000 現代日本の犯罪と現代社会―「自己確認型」犯罪― 精神科治療学, **15**, 1257-1263.

開原久代 2002 児童相談所とAD/HD 精神科治療学, **17**, 59-65.

清永賢二 1999 現代少年非行の世界―空洞の世代の誕生 清永賢二（編）少年非行の世界 有斐閣 Pp.1-35.

Klein, M. 1934 *On criminality.* London: Hogarth Press. 西園昌久・牛島定信（編訳） 1983 メラニー・クライン著作集3 愛，罪そして償い 誠信書房 Pp.15-19.

Klein, M. 1946 *Notes on some schizoid mechanisms.* London: Hogarth Press. 小此木啓吾・岩崎徹也（編訳） 1985 メラニー・クライン著作集4 妄想的・分裂的世界 誠信書房 Pp.3-32.

桑原尚佐 1999 暴力非行―失われた他者感覚 清永賢二（編） 少年非行の世界 有斐閣 Pp.67-100.

町沢静夫 1999 大人になれないこの国の子どもたち―「壊れた心」の精神分析― PHP研究所

松田文雄 2001 青少年犯罪や暴力と行為障害 精神療法, **27**, 610-620.

水島広子 2002 「キレる」子どもについて考える 教育と医学, **50**(1), 22-30.

村松 励 1998 非行臨床の課題 生島 浩・村松 励（編） 非行臨床の実践 金剛出版 Pp15-27.

村松 励 2001 世代間の問題としての少年事件 精神療法, **27**, 308-311.

中根 晃 1997 行為障害と注意欠陥多動性障害 思春青年期精神医学, **7**, 21-29.

尾木直樹 2000 子どもの危機をどう見るか 岩波書店

引用文献

大河原美以　2002　臨床心理の立場から―子どもの感情の発達という視点―　生島　浩（編）　こころの科学102　非行臨床　日本評論社　Pp.41-47.

斎藤　環　1998　思春期と攻撃性―「サブカルチャー」の視点から―　アディクションと家族, **15**, 393-398.

斎藤万比古・原田　謙　1999　反抗挑戦性障害　精神科治療学, **14**, 153-159.

妹尾栄一　2000　少年非行の変化　精神科治療学, **15**, 1265-1272.

祐宗省三・原野広太郎・柏木恵子・春木　豊（編）　1985　社会的学習理論の新展開　金子書房

東京都（編）　1999　キレる―親，教師，研究者，そして子どもたちの報告―　ブレーン出版

牛島定信　2000　さまよえる大人たち　精神療法, **26**, 486-489.

若林慎一郎・本城秀次　1987　家庭内暴力　金剛出版

渡辺久子　2000　母子臨床と世代間伝達　金剛出版

Winnicott, D.W.　1956　反社会的傾向　北山　修（監訳）　1990　児童分析から精神分析へ　岩崎学術出版社　Pp.214-228.

Winnicott, D.W.　1968　希望のサインとしての非行　牛島定信（監修）　ウィニコット著作集3　家庭から社会へ　岩崎学術出版社　Pp.80-89.

山中康裕　2000　最近の少年事件に対して，専門家としてどう考えるか　精神療法, **26**, 376-379.

コラム⑩

Damasio, A. R.　1994　*Decartes' Error: Emotion, reason, and the human brain.*　New York: William Morris Agency.　田中三彦（訳）　2000　生存する脳―心と脳と身体の神秘―　講談社

コラム⑪

Bandura, A.　1965　Influence of models' reinforcement contingencies on the acquisition of imitative responses.　*Journal of Personality and Social Psychology*, **1**, 589-595.

Sakamoto, A.　2000　Video Games and violence: Controversy and research in Japan. In C. von Feilitzen & U. Carlsson (Eds.), *Children in the new media landscape: Games, pornography, and perceptions.*　Goeteborg, Sweden: The UNESCO International Clearinghouse on Children and Violence on the Screen. Pp. 61-77.

青少年と放送に関する調査研究会　1998　国内外のテレビと青少年の行動に関する実態調査の状況　http://www.yusei.go.jp/policyreports/japanese/group/youth/youth_7.0.html (2001.8.31閲覧)

引用文献

コラム⑫
深谷昌史・深谷和子・沖田洋子・亀沢信一・田上純子・根舛セツ子　1998　キレる・ムカつく　モノグラフ・中学生の世界 vol.61　ベネッセ教育研究所

コラム⑬
American Psychiatric Association　1994　*Diagnostic and statistical manual of mental disorders, fourth edition.*　Washington D.C.: American Psychiatric Association.

Hallowell, E. M., & Ratey, J.J.　1994　*Driven to distraction: Recognizing and coping with attention deficit disorder from childhood through adulthood.*　New York: Pantheon Books.　司馬理恵子（訳）　1998　へんてこりんな贈り物　誤解されやすいあなたに—注意欠陥，多動性障害とのつきあい方—　インターメディカル

Munden, A., & Arcelus, J.　1999　*The ADHD handbook: A guide for parents and professionals on attention deficit / hyperactivity disorder.*　London: Jessica Kingsley Publishers　市川宏伸・佐藤泰三（監訳）　紅葉誠一（訳）　2000　ADHD 注意欠陥多動性障害　親と専門家のためのガイドブック　東京書籍

村山士郎　2000　なぜよい子が爆発するか　大月書店

司馬理恵子　1999　のび太，ジャイアン症候群2　ADHD　これで子どもが変わる　主婦の友社

コラム⑭
Smith, T. W.　1992　Hostility and health: Current status of a psychosomatic hypothesis.　*Health Psychology,* **11**, 139-150.

コラム⑮
伊藤美奈子　2000　子どもの問題行動の発達的特徴とその背景にある諸要因—親の養育態度に注目して—　総務庁　低年齢少年の価値観等に関する調査　総務庁青少年対策本部　Pp.217-231.

■第3章
Garfield, S.L.　1980　*Psychotherapy an eclectic approach.*　New York: John Wiley & Sons.　高橋雅春・高橋依子（訳）　1990　心理療法—統合的アプローチ—　ナカニシヤ出版

弘中正美　1999　遊戯療法における総合性　弘中正美（編）　現代のエスプリ No.389　遊戯療法　至文堂　Pp.5-14.

弘中正美・濱口佳和・宮下一博（編著）　1999　シリーズ　子どもの心を知る　第3巻　子どもの心理臨床　北樹出版

乾　吉佑　1990　心理臨床の理論をどう学ぶか　小川捷之・鑪　幹八郎・本明

引用文献

　　寛（編）　臨床心理学体系第13巻　臨床心理学を学ぶ　金子書房　Pp.18-32.
河合隼雄　2001　臨床心理学―見たてと援助，その考え方―　臨床心理学, **1**(1), 93-100.
文部科学省　少年の問題行動等に関する調査研究協力者会議　2001　心と行動のネットワーク―心のサインを見逃すな，「情報連携」から「行動連携」へ―
高見良子　1998　災害にともなう子どもの反応と教師の対応　竹中晃二（編著）　子どものためのストレス・マネジメント教育―対症療法から予防措置への転換―　北大路書房　Pp.152-156.
辻河昌登　1998　生徒指導における教育相談　宮下一博・濱口佳和（編著）　シリーズ　子どもの心を知る第2巻　教育現場に根ざした生徒指導　北樹出版　Pp.29-39.

■コラム⑰
Gendlin, E. T.　1981　*Focusing.*　New York:Bantam Books.　村山正治・都留春夫・村瀬孝雄（訳）　1982　フォーカシング　福村出版
池見　陽　1995　心のメッセージを聴く―実感が語る心理学―　講談社
近田輝行・日笠摩子　1998　フォーカシング実習の手引き　フォーカシング・ネットワーク

■コラム⑱
「少年A」の父母　1999　「少年A」この子を生んで―悔恨の手記―　文藝春秋社

■コラム⑳
Horney, K.　1950　*Neurosis and human growth: The struggle toward self-realization.*　New York: Norton.　榎本　譲・丹治竜郎（訳）　1998　神経症と人間の成長　誠信書房

人名索引

●A
明田芳久　48
American Psychiatric Association　31, 44
Arcelus, J.　71
Azrin, N. H.　37

●B
Bandura, A.　51, 61
Baumeister, R. F.　38
Berkowitz, L.　48

●C
Carver, C. S.　38
近田輝行　83

●D
Damasio, A. R.　60
Dodge, K. A.　50
Dollard, J.　48

●F
Freud, S.　38, 53
藤岡淳子　57
深谷昌史　62
福本　修　54

●G
Garbarino, J.　36
Garfield, S. L.　77
Gendlin, E. T.　83
Glod, D. C.　47

●H
Hallowell, E. M.　71
原田　謙　44

日笠摩子　83
弘中正美　80
Holmes, T. H.　62
本城秀次　65
Horney, K.　115

●I
池見　陽　83
井上公大　53
乾　吉佑　76
伊藤美奈子　73

●K
影山任佐　56
開原久代　47
河合隼雄　81
清永賢二　42, 56
Klein, M.　54
小浜逸郎　2
Kohut, H.　39
桑原尚佐　52, 53, 58

●L
Lazarus, R. S.　62
Lorenz, K.　37

●M
町沢静夫　67
松田文雄　44
Miller, N. E.　48
水島広子　66
文部科学省　4, 5, 16, 87
Munden, A.　71
宗内　敦　3
村松　励　43, 57
村山士郎　71

●N
中村昭代　28

人名索引

中根　晃　　47

●O
大河原美以　　43, 57
尾木直樹　　65-67
大石英史　　2, 3
岡野憲一郎　　33
尾崎　豊　　6

●R
Rahe, R. H.　　62
Ratey, J. J.　　71

●S
斎藤万比古　　44
斎藤　環　　43, 58
Sakamoto, A.　　61
Scheier, M. F.　　38
妹尾栄一　　43
司馬理恵子　　71

祐宗省三　　51

●T
高見良子　　78
Teicher, M.　　47
辻河昌登　　77

●U
Ulrich, R. E.　　37
牛島定信　　58

●W
若林慎一郎　　65
渡辺久子　　58
Winnicott, D. W.　　55

●Y
山中康裕　　56

●Z
財満義輝　　18

事項索引

● い
いきなり型非行　42, 43
イド　53, 55

● え
エンパワーメント　105

● か
解離性障害　33, 34
学級崩壊　47, 89
家庭裁判所　10, 28, 102-104, 106
家庭裁判所調査官　28, 101
家庭内暴力　22, 24-27, 64, 65, 101, 106
ガラス破損　5, 6
間接的攻撃　3

● き
器物損壊　4, 5, 8, 9
気分・感情障害（うつ病）　30, 31, 107, 110
境界性人格障害　28, 32, 111
キレ（る）　2, 3, 10, 16, 20, 25, 26, 30, 42, 49, 52, 76-81, 84, 88, 106-108
キレる子現象　42, 65

● け
警察との連携　94

● こ
行為障害　35, 44, 71
攻撃性　36, 37, 39, 43, 44, 46-49, 54, 56, 58, 61, 66, 71, 72, 87, 90, 96-98, 100
行動療法　76, 77, 81, 111
校内暴力　6, 16

コミュニケーション障害　66

● さ
在宅試験観察　102

● し
自我　21, 43, 53, 55, 88
自我の退行　88
自殺企図　31
児童虐待　22, 28, 29, 101
社会的学習理論　51
社会的情報処理理論　50
授業ボイコット　16, 18, 19
傷害事件　10
少年鑑別所　102
初発型非行　43
心的外傷後ストレス障害（ＰＴＳＤ）　28, 33

● す
スクールカウンセラー　108

● せ
精神障害　10, 14, 28, 30, 34, 35, 106, 107, 108, 110-112
精神分析療法　76, 77
生徒間暴力　4, 16
生徒指導　4, 7-9, 84, 85, 88
セルフ・コントロール　66

● そ
相談室　86, 87, 97

● た
対教師暴力　4, 9, 16, 19, 20, 84, 86, 94, 99, 100
対人暴力　4, 9, 16
体罰　23, 24, 27, 90, 104, 113

事項索引

●ち
注意欠陥・多動性障害（ADHD）
　　　34, 35, 44, 46, 47, 71, 110
超自我　　21, 53-55
直接的攻撃　　3

●と
統合失調症（精神分裂病）　　30, 31,
　　　35, 107, 110
ドメスティック・バイオレンス　　22,
　　　58

●に
認知的新連合理論　　48

●は
パーソナリティ障害　　28, 31, 35
破壊衝動　　43
破壊的の行動障害　　44
パニック状態　　3, 85
反抗挑戦性障害　　44
反社会的行動　　3, 34, 63

●ひ
非行少年　　101

●ふ
不登校　　2, 9, 26, 27, 63, 102
フラッシュバック　　33, 34

●ほ
暴力行為　　2, 4, 9, 16, 24, 29, 79, 82, 91,
　　　92, 94
保健室　　21, 86, 96

●ま
前ギレ状態　　66, 67

●め
メンタルヘルス専門職　　109, 110

●も
妄想―分裂態勢　　54
問題教師　　20

●や
薬物療法　　110

●ゆ
遊戯療法　　80, 111

●よ
よい対象　　54
養護教諭　　21, 65, 86, 109, 111
抑うつ態勢　　54, 55
欲求不満―攻撃仮説　　48

●ら
来談者中心療法　　76, 77

●り
リラクセーション法　　81
臨床心理士　　111

●ろ
論理療法　　76, 77

●わ
悪い対象　　54

【執筆者一覧】

宮下　一博	編者		1-1, 3-1
大野　久	編者		コラム12
青木　一	千葉市立小中台中学校		1-2-1
關崎　勉	福井刑務所		1-2-2
信原　孝司	愛媛大学		1-2-3
菊谷　紀聡	大阪家庭裁判所		1-2-4
一円　禎紀	草津病院		1-2-5
河野　荘子	名古屋大学大学院		2-1
岡本　祐子	広島大学大学院		2-2
夏野　良司	愛媛大学		3-2-1
森脇　雅子	兵庫教育大学		3-2-1
栗城　順一	松戸市立常盤平中学校		3-2-2
門永　由美	千葉県立国府台高校		3-2-3
山口　賢二	高知家庭裁判所		3-2-4
林　智一	大分大学		3-2-5

■コラム

小塩　真司	中部大学	コラム1
内島　香絵	立教大学大学院	コラム2
山下　一夫	山口家庭裁判所岩国支部	コラム3
畠山　美穂	広島大学大学院	コラム4
小西　千秋	ブリティッシュ・コロンビア大学大学院	コラム5
堀　耕治	立教大学	コラム6
松田　信樹	兵庫大学短期大学部	コラム7
上地雄一郎	甲南女子大学	コラム8
石井　克枝	千葉大学	コラム9
宮谷　真人	広島大学大学院	コラム10
小嶋　佳子	旭川大学女子短期大学部	コラム11
原　英樹	千葉大学	コラム13
大芦　治	千葉大学	コラム14
伊藤美奈子	慶應義塾大学	コラム15・16
茂垣まどか	立教大学	コラム17
橋本　広信	群馬社会福祉大学	コラム18
谷　冬彦	神戸大学大学院	コラム19
三好　昭子	立教大学大学院	コラム20
藤井　恭子	愛知教育大学	コラム21

【編者紹介】

宮下一博（みやした・かずひろ）

1953年　東京都に生まれる
1981年　広島大学大学院教育学研究科博士課程後期中退
現　在　千葉大学教育学部教授

主著・論文

心理学マニュアル質問紙法（共編著）　北大路書房　1998年
アイデンティティ研究の展望Ⅴ-1，2（共編著）　ナカニシヤ出版
　　1998，1999年
高校生の心理2　深まる自己（共著）　大日本図書　1999年
子どもの心理臨床（共編著）　北樹出版　1999年
子どものパーソナリティと社会性の発達（共編著）　北大路書房
　　2000年

大野　久（おおの・ひさし）

1955年　山梨県に生まれる
1985年　名古屋大学大学院教育学研究科博士後期課程単位取得満了
現　在　立教大学文学部・大学院現代心理学研究科，教授

主著・論文

青年期の充実感に関する一研究　教育心理学研究　第32巻　100-109．
　　1984年
講座生涯発達心理学4巻　自己への問い直し―青年期―（共著）金
　　子書房　1995年
ベートーヴェンのハイリゲンシュタットの遺書の「自我に内在する
　　回復力」からの分析　青年心理学研究第8号，17-26．1996年
発達（青年）心理学人格心理学におけるAs a wholeを分析単位と
　　する研究への提言　発達心理学研究第7巻，第2号，191-193．
　　1996年
人は感動の方向に伸びる―椋鳩十の感動体験と至高経験
　　（A.Maslow）の関連―　立教大学教職研究第8号，25-32．1997
　　年
伝記分析の意味と有効性―典型の研究―　青年心理学研究第10号，
　　67-71．1998年

| シリーズ 荒れる青少年の心 |

キレる青少年の心 ―発達臨床心理学的考察―

| 2002年8月30日　初版第1刷発行 | 定価はカバーに表示 |
| 2007年10月20日　初版第4刷発行 | してあります。 |

編著者　　宮　下　一　博
　　　　　大　野　　　久
発行所　　㈱北大路書房
〒603-8303　京都市北区紫野十二坊町12-8
　　　　　　電　話　(075) 431-0361㈹
　　　　　　F A X　(075) 431-9393
　　　　　　振　替　01050-4-2083

©2002　制作/ラインアート日向・華洲屋　印刷・製本/㈱太洋社
日本音楽著作権協会(出)許諾第0712500-701号
検印省略　落丁・乱丁本はお取り替えいたします

ISBN978-4-7628-2261-2　Printed in Japan